苗雨时 李婍 著

我骄傲，我是一棵树

——李瑛评传

花山文艺出版社

河北·石家庄

图书在版编目（CIP）数据

我骄傲，我是一棵树 ： 李瑛评传 / 苗雨时，李婍著.
-- 石家庄 ： 花山文艺出版社，2023.1
ISBN 978-7-5511-6410-8

Ⅰ．①我… Ⅱ．①苗… ②李… Ⅲ．①李瑛－评传
Ⅳ．①K825.6

中国版本图书馆CIP数据核字（2023）第017838号

书 名：**我骄傲，我是一棵树**——李瑛评传
　　　　Wo Jiaoao Wo Shi Yi Ke Shu Liying Pingzhuan
著 者：苗雨时 李 婍
责任编辑：梁东方
责任校对：李 伟
美术编辑：陈 淼
出版发行：花山文艺出版社（邮政编码：050061）
　　　　　（河北省石家庄市友谊北大街330号）
销售热线：0311-88643299/96/17
印　　刷：北京一鑫印务有限责任公司
经　　销：新华书店
开　　本：880毫米×1230毫米 1/32
印　　张：10
字　　数：200千字
版　　次：2023年1月第1版
　　　　　2023年1月第1次印刷
书　　号：ISBN 978-7-5511-6410-8
定　　价：45.00元

一株中国大地上的诗歌常青树（序）

谢 冕

今年是著名诗人李瑛逝世三周年。前些天，廊坊师范学院苗雨时教授打来电话，邀我为他的新著《李瑛评传》作序，并发来了著作纲目和部分章节。情意殷切。我想，现在，在沉痛、哀思、怀念过后，对诗人的人生历程、创作道路与诗歌成就，予以总结、梳理和估衡，也许是对诗人最好、最切实的纪念。李瑛作为当代中国著名的诗人，他的诗歌作为和贡献，理应在中国当代诗歌的史册上占有一席重要的地位。

李瑛，1926 年 12 月 8 日，出生于辽宁锦州，童年是在家乡河北丰润还乡河畔的小村庄度过的。后来随父辗转于唐山、天津之间，读中学。1945 年，考取了北京大学。1949 年，随军参加南下工作团，投身解放战争。1951 年，走上抗美援朝战场。归国后，一直在部队里工作，从士兵到将军，直到生命最后一息。生命的种子，也是诗的种子。种子在苦难的北方大地上萌芽、在方生与未死的年代苗生，于炮火硝烟里绽放青春，经历历史风雨的洗礼，最终长成一株参天大树，即便叶落归根，也深埋在泥土里。他从中学时代开始写诗,大学时代进入勃发期。自此,诗歌成了他生命旅程知行合一的生活方式和精神方式。他的一生,伴随着共和国的时代脚步,在峥嵘的岁月里,在保卫和建设祖国事业中,奋力前行。前半生的军旅生涯,上海岛,到边陲,过大漠,去草原,看"红花满山",让草绿色情漫万里山河。后半生仍巡行大地,访雪域,赴高原,登长城,越关山,望"黄河落日",在多梦的历史云烟里做民族魂魄的探源。李瑛的诗和诗中的李瑛,始终生长于祖国大地,最终他把自己打造涵养成为依偎在祖国怀抱的最忠贞的儿子。他一生总计写下了六十多部诗集。这千百万的话语和文字,就是他生命史、心灵史和灵魂的艺术卷宗。

苗雨时这部评传的合作者,是他的学生,当代散文家、传记家李婍女士。师生愉快合作,戮力齐心,共同完成了此书稿。她的加入,使一般平实铺述的评传,增生了更多文学与诗的色彩。她以特有的女性温婉、体贴的笔致,真切有效地复原了李瑛的全部人生命运、历史场景、情感波痕、生活细节,使原本抽象概括的生平简历真实、生动、鲜活起来,产生了极强的现场感和历史感。家乡童年的欢乐与苦涩,父母的教训与关爱,他性格的内向与好学,以及战火中战友的情谊,大自然中生命的启示,乃至访古迹时发思古之幽情,观大海时叹宇宙之浩渺等,都历历如在目前,给人一种亲临其境的感受。这样,李瑛的真实形象就站起来了,活起来了:或文静儒雅,或英姿勃发,或精神矍铄!

这部《李瑛评传》对李瑛代表性的重要作品,不能不有细致、深入的经典性文本细读和具体的艺术鉴析。这方面，他们做得很好，是非常准确到位的。但我更看重这部著作对李瑛整体诗歌创作艺术生成的机制所做的高品阶的诗歌美学的评判。

其一，独立沉凝的生命主体性。李瑛的一生，是寻求探索理想与真理的一生，是为祖国、为人民不懈奋斗的一生。从大学生诗人到战士诗人，从革命诗人到人民诗人，从中国诗人到世界诗人，多重文化身份的嬗变、转换和积淀，最终定格、完形为一个真正意义上的爱国主义诗人。他所有的诗，共同形塑了诗人的人格风骨和精神肖像。也决定了他诗歌以崇高为主导的艺术风范：清刚，秀逸，雄奇，悠远……

其二，对人与世界包容的整体性。诗人生活在自然宇宙之中，只有通过诗歌，才能产生最高的同情、共鸣与张力、和解，以及有限与无限的最紧密的潜含与联结。尽管诗的题材可以各种各样，缤纷繁丽，但必须纳入诗歌的整体观照，包举内外宇宙的生命。如此，才有可能创造本质意义上的大诗。从这种诗中，撕下任何一个篇页，都将闪烁着生命的奥秘和诗意的神奇。

其三，永不止息的诗美艺术追求。李瑛一生的诗歌创作，始终致力于诗歌话语审美的探索和追寻。这里，不是指写作过程中具体的手法、技巧、修辞，而是着眼于发掘生命之美的内在极致。人的存在，真、善、美三位一体，是与生俱来的。而爱是原始驱动力，一旦爱君临一切，人的生命，就在美的梦幻的辉光中，敞亮它的本真与纯粹。一切外在的形式都是由此而衍生的。此种大美的不懈追求，使诗人持续葆有清新的诗的敏感和青春的艺术。李瑛和他的诗永远是年轻的。其必将在中国当代诗歌的长河中激荡着恒久的生命浪花。

李瑛，是一株迎着历史风云屹立在中国大地上永不凋零的诗歌常青树！

我与苗雨时的交往，是始于20世纪新诗潮涌动的80年代。那时有我的学生在廊坊师范学院中文系任教，他作为系主任，常通过学生邀我去他们学校开诗歌讲座、做学术报告。他来北京时也曾到家里看我。我曾多次参加廊坊师院与首都师大联合举办的当代诗人研讨会，"牛汉诗歌创作研讨会""邵燕祥诗歌创作研讨会""北岛诗歌创作研讨会"等。几十年的交往，相知渐深，情意日笃。近来，他邀我为他与他学生的著作《李瑛评传》写序，我虽已年愈九旬，但盛情难却，还是慨然应允，并写下了如上评述性文字。他们对李瑛的生平和创作的评价、定位，我是认同的、肯定的。对他们的心血付出，我也极为赞许。但愿此书的正式出版，可以作为我们多年友情的见证和我们共同向中国当代诗歌史的一个必不可少的交代。

2022年5月18日
于北京大学畅春园

目 录
CONTENTS

前　言

　　李瑛（1926—2019），他的一生伴随着共和国的脚步，在历史的风云变幻中前行。前半生的军旅生涯，足迹踏遍了祖国的山山水水、边疆、草原、平畴，后半生仍巡行大地，但仰望星空，把历史、现实、人文纳入视域，做灵魂的拷问。七十多年间，他个人主体身份转换，从校园诗人到战士诗人再到祖国诗人，而他的精神意向，则由激情而转入沉思。在五千年文明的祖国大地上，他的生命长成值得民族骄傲的一棵大树，他的灵魂如漫卷祖国山河的云霞，而他的诗歌则似一条烟波浩渺、涌急流深的河水。正是这壮美的山川和古老的文明气韵，映衬出他伟岸的身影，托举起他高贵的魂魄。

　　李瑛的一生是追寻理想和真理的一生，是为祖国、人民奋斗的一生，也是敬畏诗歌，不懈探索艺术的神秘，从而是诗意葱郁的一生。在他九十多年的生命旅程里，足迹所至，无时无处，皆是诗歌。从第一部诗集《枪》到最后一部诗集《逝水》，总计写下和出版了六十多部诗集，并有《李瑛诗文总集》十四卷面世。这千百万的诗句和文字，这一部部心血的著作，支撑起他人格的高耸、灵魂的仰望和诗美流淌的丰沛！

李瑛在中国当代诗歌史册上有着独特价值，应该占有一个重要的地位。

任何一位真正的诗人，他的"美学的和历史的"书写，都应该是生命的一次次的觉醒，灵魂的一次又一次的绽放。诗人李瑛更是如此。他从开始写诗到生命终止，一生与诗相伴，仿佛他为诗而生，诗作为他的生存方式和精神方式，画出了他全部的人生轨迹。从生到死，他就是一支笔，一部由若干篇章结撰而成的大诗。这大诗是诗人把全部的爱恋都献给祖国母亲的忠贞赤子的生命之诗、灵魂之诗，也是诗人为中华文明古老而又年轻的演变留下的时代的史诗和诗史！

第一章

种子在苦难大地上的萌芽

生命最初的印痕

关外锦州的冬日，冷到骨子里。

寒风裹挟着雪花，潜入漆黑的冬夜。

火车的汽笛声和轰鸣声撕破夜的宁静，哐哐行进的列车把黑夜推进得更加深沉，不很结实的窗户玻璃随着火车行进的巨大震动，也簌簌抖动起来。

刚刚出生没多久的这个小婴儿被惊醒了，响亮地啼哭起来。

父亲李萌明窸窸窣窣坐起来，点上一盏油灯，怜爱地看着裹在烂棉絮里的婴儿，轻声叹息一声，封闭不甚严实的屋角卷进风雪，如豆的灯盏在风中摇曳着，几近熄灭，抖来抖去，终究是挺过来了，顽强地用微弱的光亮照耀着这个狭窄局促的房间。

七十五年后，已成为著名诗人的李瑛，在他的诗歌《我的诞生》中，写了自己出生的那个场景："我裸着身子挤进了人间/屋顶的茅草覆盖着/柴烟、席片、油盏和/烂棉絮裹着的我/世界冷冷地望了我一眼/就转过脸去/没有声音/只屋角卷进的风雪和/父亲怜爱的叹息/迎接了我。"

日子苦，看不到希望，但是，孩子便是希望。

这是铁路员司李萌明的第一个儿子。

其实在生这个儿子之前，他已经生育了女儿。但是，受到祖辈们的影响，传宗接代的观念根深蒂固地嵌在他的脑子里，生子为大事，儿女双全才能福寿康宁。这次的添丁进口，完成了他儿女双全的心愿，儿子的出生代表着血脉的延续和家族的兴旺。这是李家的一件大喜事，他盘算着天亮之后就去邮局写上一封信，寄到河北丰润县西欢坨村，远在家乡的老母亲早就盼着能抱上孙子，老人家这下如愿了。

该给这个新出生的孩子取个名字了，李萌明脑子里出现了一个"瑛"字。这个名字其实早在妻子怀孕的时候他就想好了，无论生的是男孩子，还是女孩子，都可以叫这个名字，"瑛"，玉光也，一生圣洁纯粹，君子如玉，温润而泽。李萌明是读过圣贤书的，给孩子取名总要有些讲究。

李萌明是家中独子，家中贫寒，他的父亲一生都在摆脱贫困的路上苦苦奔波，至死也没能摆脱贫困，年岁不大便撇下妻儿郁郁而终。守寡的母亲发誓要让孩子通过读书改变命运，她拼死拼活劳作，供着儿子念私塾。从家到上课的地方，每天要走十多里的路程，他用勤奋的脚步让母亲在期望中，展望着看不清楚的未来。后来因为这个孩子成绩好，被保送到县里的中等师范去深造，毕业后考进铁路做了小员司。

铁路员司相当于工程师，与一般的铁路职工有所不同，也算是管理阶层。一个乡村母亲，能独自把孩子培养成这样，已经算是她的巨大成功了。

李萌明工作的铁路线是京奉铁路的天津到沈阳区域，他的工作岗位，便在这段铁路线的一些三等小站不停迁徙。他的妻子于翠萍是一个农村女子，婚后便随着丈夫料理家务。这个温文尔雅一身书生气的男人，便是妻子的天，她对自己的生活很满足。丈夫是读过书的人，虽然挣钱不多，但是有一份稳定的工作，尽管他的工作性质是不停地在铁路线上流动搬迁，她愿意陪伴着他过这种半流浪的生活。

很多时候，李萌明的工资不够维持一家人的生活，于翠萍还要在忙完家务之外，做些力所能及的手工，补贴家用。

儿子李瑛出生了，他的婴儿衣还是姐姐的旧衣服。母亲于翠萍想为儿子做一件新的婴儿衣，掂量一下手中那几文钱，这点儿钱还要买粮，还要买柴米油盐酱醋茶，生活用品缺了哪样都不行，挤不出为儿子买布做衣的钱。

家中养了几只鸡，是用来生蛋的，女人坐月子，没有多余的钱买营养品，就靠老母鸡生的几个蛋将养身体。母亲想到了用鸡蛋去换一块土布。土布换来了，幅面不算宽只有很小的一块，那块手工织就的土白色的布，带着棉花原生的色彩和味道，虽然没有洋布细密平滑，却也软软的，摸起来很亲肤。母亲把它裁剪了，在油灯下一针一线细细缝起来，把母爱缝进去，缝成一件精致的婴儿衣，穿到李瑛身上。

母亲满意地看着自己的儿子，看着穿上婴儿衣的儿子在襁褓中甜蜜地笑，她也欣慰地笑了。能为儿子做到的只有这些，她尽力了。

这件带着乳香的婴儿衣一直穿到李瑛再也穿不进去，母亲把它收起来，一直为儿子珍藏着，多年后把它交给了李瑛。那件有些普通，甚至有些粗糙的小衣服，常常引发李瑛深深怀念，对童年的那个家，对父亲母亲，对童年时代遥远的带着苦涩的幸福快乐……

李瑛有一首诗《小时的衣服》，便是记写了那件婴儿衣：

这是我婴儿时穿得衣服/曾埋过我生命的原始的根/也许还沾着屎咮和奶香/我却始终珍藏着它/只是我每长一岁便远离它一年//这是妈妈用鸡蛋换来一块土布/在跳动的油盏下缝成的/至今，它的皱褶里/仍埋着妈妈的手指、眼睛和她的心/以及土墙洞的火苗/和草房顶上漏下的星光/使我怯于抚摸。

在李瑛之后，他家又有了几个弟弟妹妹，他们兄弟姐妹一共九个。但是作为这个家庭中的大儿子，他却一直是父母最器重最关爱的，父母的观念中，长子被赋予了更多的期望和责任，他是家中的"顶梁柱"，他应比其他弟兄承担起更多的改变家庭命运的责任，所以父母对他的疼爱也要多一些。母亲不会为她的九个儿女每个人都存留一件婴儿衣，却为她的大儿子留下了。

冬去春来，寒来暑往，李瑛在铁路线各个三等小站旁的家中一天天长大。

父亲走到哪儿，哪儿就是他的家。

20 世纪 20 年代末期，京奉铁路线不算冷清，受战争和灾害影响，华北地区第二次"闯关东"的高潮又起，一年之间便有超过百万移民进入东北。

火车载着闯关东的人们一路向北，到东北寻找美好生活。孩提时代的李瑛在母亲和姐姐的陪伴下，站在离火车道不远的地方，看着一列列巨大的绿皮火车喘着粗气向前奔驰着。火车里面的拥挤与三等小站的清冷形成很大反差，单调的车轮碾轧铁轨的震耳欲聋的轰鸣，穿着铁路制服，头戴大檐帽，手提号志灯，举着小绿旗的男人，紧张地在一旁指挥着。但是，当喧嚣过后，小站上便剩下寂寞守望的号志灯和孤零简陋的月台，以及火柴盒般的铁路工房。举着小绿旗指挥的男人撤回站房，慢条斯理地喝着茶水，等待着下一辆火车通过。

下一列火车可能会很久才来。

这是李瑛生命最初的印痕。

父亲是忙碌的，忙着他车站上的工作。

母亲是忙碌的，忙着一家人的生计。

幼小的李瑛便由大姐看管。

大姐其实也是个孩子，因为她是家中最大的孩子，小小年纪便要帮助大人做家务看弟弟妹妹。所以，大姐的童年是短暂的，她来不及长大，便已经像个小母亲。

漫长的冬日之后，终于盼来了春天，盼来了夏天。

东北的夏天也是烈日炎炎的，正午时分，瓦缸里晒上水，半个时辰水就变得热乎乎的，正好可以洗澡。大姐总是在夏日这样给李瑛晒洗澡水，这样给他洗澡，洗完把他抱出来，像提一只扑

8

扑楞楞的小鸡。

忘记是哪个小站的站台了，有两棵很粗的大树，大姐藏在树后面，李瑛就找不到，藏猫猫的游戏让他记忆了一生。

还有大姐送他装蚯蚓、装萤火虫的那只小瓶，还有姐弟一起在秋天的原野挖野菜，走出住处没多远便是空旷的原野，野地里不但有野菜，还有蟋蟀、蝈蝈，还有许多野花野草。挖野菜的任务是姐姐的，野菜在姐姐挎的柳篮里，李瑛的任务便是撒了欢儿地玩耍，他手上是一串羔丽的灯笼花。

他依赖大姐，是那种孩子对母亲的依赖。

父亲有了时间也会陪伴孩子，甚至，在李瑛三岁那年，还带着他去看海。

大海其实离他们并不远，美丽的渤海湾就在东边的不远处，三四十公里的路程，在车马交通都不方便的时代，对于很多人来说，那便是一生的距离，有的人一辈子都走不到海边去看海。

李瑛是幸运的，他的父亲亲自带着他去看海。

在三岁孩子眼中，大海是那般浩瀚，他不敢走近它，战战兢兢站在沙滩上，他是个胆小的孩子，他怕汹涌而来的海水舔到他的小脚丫。在灿烂的阳光下，父亲爽朗地笑着，那天的阳光也很爽朗。李瑛记住了那天海的味道，空气的味道，阳光的味道。

大浪退去了，平平展展的沙滩上留下许多彩色贝壳，他去拾，于是，一串小小的脚印印在沙滩，歪歪斜斜，像一首诗。

后来，李瑛在一份《李瑛性格调查表》中说，一生中对他影响最大的是父亲：

我的父亲由于不堪世代遭受奴役和剥削，矢志发愤读书，屈辱的地位，险恶的境遇，养成了他倔强正直的品格。他身上总是有一股奋进不息的劲头和争强好胜的志气：做什么事，从不希求侥幸，从不贪图便宜，总是严格要求自己，不做好不罢休。他小时候读书用功，便也以同样的标准要求他的儿女。

父亲给幼小的孩子讲古人悬梁刺股、囊萤映雪的故事，三五岁的孩子还听不懂，但是，这个故事父亲一直讲到了李瑛少年时代，讲到了他能听懂的时候。

三五岁的孩童，最喜欢的还是父亲讲的《聊斋志异》。

每天黄昏夕阳西下，李瑛便站在家门口，盼着父亲下班回家。

身后，是母亲用柴草烧的饭香，茅屋顶的烟囱里飘出袅袅炊烟。

父亲每每出现在孩子的视野中，都迎来一阵惊喜的欢叫。那时候的父亲很年轻，高大、魁梧，又有几分儒雅，穿着整洁的铁路制服。

晚饭后，一家人围坐在窄窄的室内，守着一盏光线昏暗的小油灯，这时候最好的娱乐活动便是听父亲讲故事。

父亲讲的最多的是聊斋故事，拿了一本《聊斋志异》的线装书，父亲把文言文翻译成白话来讲，一篇读完了，一个故事讲完了，他们听着不过瘾，让父亲接着讲。

夜很长，故事只讲一会儿，父亲累了，还要早睡，明天还得起大早去上班，剩下的漫漫长夜，孩子们只能消化刚刚听过的那些故事。

对那些鬼狐变人的故事，小孩子还听不懂，只是觉得新奇有趣，在寂静的黑夜，依偎在母亲或者大姐的怀里，听那些女鬼女妖的故事。那些美丽的女鬼总是半夜与年轻书生约会，内容虽然都差不多，但是每一个故事与每一个故事又不一样，常常让李瑛听得毛骨悚然，扎进母亲的怀里便觉得可以寻到安全感。但是，若是赶上在大姐的怀里，虽然大姐把他搂得紧紧的，他能感觉到大姐其实也怕，她的呼吸不像母亲那样安静平稳，她也是个孩子，也怕鬼妖。灯影下，一家人的身影映在墙上，李瑛和姐姐偷偷望着映在四壁的人影，心里是怕的，嘴上却还央求父亲：再讲一个吧。

天亮了，父亲去上班了，那本永远讲不完的《聊斋志异》就放在床头，李瑛拿起来去翻，密密麻麻都是字，所有的字模样都长得差不多，他一个都不认识。

若是自己认字，会念书，就不用每天只听上一点儿，可以一口气把这本书读完。

李瑛有了读书的念头。

漂泊于铁路三等小站的日子很单调，李瑛最好的玩伴就是自己的家人，这里没有更多的小朋友和小伙伴，他一天天长大了。

他七岁了，到了读书的年龄了。小站外面的孩子，都背着书包进了学堂，去读书了，李瑛也想去读书。

其实，父亲和他一样心急，他一定要让儿子读书，只有读书才能改变命运。

到小站外面的学堂读书也不现实，父亲的工作随时可能迁徙，今天在这个小站，说不定明天接到新的任务，就要赴另外一个小站工作。

把家定居到锦州这样的城市，给孩子找一所好学校读书自然是最好的选择，但是，父亲的微薄薪水哪里养得起城市的家，家中陆陆续续又有孩子在出生，这个家的规模变得越来越庞大。

唯一可行的办法就是让李瑛回到故乡，到老家去读书。

李瑛回老家读书，母亲是欢喜的，却也很纠结。陪着孩子回去，就不能在丈夫身边照顾他，让孩子回老家跟着老祖母，又担心老人无力管好他。

父亲做事是干脆而果断的，他让妻子立即带着孩子回老家西欢坨村读小学，眼看就要开学了，儿子的学业不能耽误。

李瑛随着母亲坐上回家的列车。

父亲站在站台为他们送行。

父亲的身影和月台、铁路工房缓缓退到身后，越来越遥远，越来越模糊。

别了，小站。在铁路三等小站漂泊的生活从此变成了李瑛童年最初的印记。

火车进了山海关，离老家越来越近。

西欢坨村的童年记忆

河北丰润县西欢坨村。

那里便是李瑛的家乡。

这是一片古老的县区，北有苍翠起伏的腰带山，南临沃野平阔的冀东平原，一条蜿蜒曲折的河水从中间流过，不是向东，而是向西。原名溇水。宋代皇帝赵佶被金兵俘获，途经过此，叹曰"吾安得似此水还乡呼？"自此，溇水改名为还乡河。还乡河，千百年间，掀动起无数历史的风波。

西欢坨村，就在不远的还乡河畔。

李瑛走进这个小村庄，三岁的时候他回来过，五岁的时候也回来过，不过那是短暂的回乡省亲，这一次他是要实实在在在村子住下来。

这个小村子很贫穷，一眼望去，一道道被柴烟熏得黑皴皴的土墙篱笆墙高高矮矮歪歪斜斜依偎着，人们住的大多是草顶茅屋。

村前一条木轮大车辗轧出的土路坎坷不平地铺展着，经过无数岁月的打磨，那条路布满深深的车辙痕记。

下了火车，李瑛就是顺着这条村间土路，一路颠簸回到故乡。

　　小村一年到头没什么新闻，李瑛和母亲、姐姐从关外的铁路上回到老家，这便是西欢坨村最大的新闻，村里的孩子们穿着破破烂烂的衣衫，拖着长长的鼻涕跑过来，村子里的狗跟着孩子们颠颠地跑过来，来看从关外来的李瑛母子，远远地看着这些外面来的客，孩子们窃窃私语指指点点。李瑛整齐的装束，与这些土生土长的孩子还是不一样。风吹来，吹起满大街的尘土，干枯的草秸树叶随风在半空中翻飞，李瑛临出门时母亲给他换的干净衣衫顿时沾满尘埃。

　　祖母家的房子和村里那些低矮的土房一样，也是破旧而衰败的茅屋，进了屋子，黑乎乎的光线不甚分明，屋子长年累月烟熏火燎，即便不烧火的时候，也有浓浓的柴草烟火气，屋内一切的物件都被烟火熏染成黑灰色，连仅有的一个灯盏也是黑黝黝的。

　　或许是因为骨子里的血脉情结，进入这个贫穷的村子，进入这个破旧的小院子，李瑛却觉得亲切而踏实。这里是祖父的家，这里是父亲的家，这里便是他本来的家，他的根在这里，他骨血的源头在这里。

　　七十多年后，李瑛回忆起那个小村庄，写下了一首《童年时的小村》：

　　　　一条土路扬着黄尘/通往村中，沿着/木轮大车的辙印/卷起秸秆和草叶/是风的道路/是无数只脚回家的道路/生活在燃烧又像已熄灭。/旁边有田埂、野草和水沟/然后沿着路，依次是/佛像居住的小庙/疲惫地挤着肩膀的茅屋/歪斜的篱笆、草垛和鸡埘/土井和石碾/卖盐碱、火柴和煤油的小杂货铺/剃头店和酒肆/铁匠在断壁的塘火前/锻打锄头、铁钉和马掌/小药店出售仁丹、癣药水和止痛片/有人家出售薄板棺材和纸钱/然后是一片野狗刨过的荒坟/然后是哭声和狗叫/乌鸦飞过/入夜，闪着芒刺般的磷火在飘/然后又是田埂、野草和水沟……

在老祖母的引领下，他很快就对这里的一切熟悉起来。

这是一个典型的北方传统村落，村子不大，但是功能齐全，乡人们居住、生活的必需条件都很齐备，居住在村落中的人，祖祖辈辈生存这样的环境中。他们活得淳朴简单温馨，并不懂得乡愁，所谓的乡愁，是从乡土里走出去的人或者从外面回来的人才会萌生的。

这个小村落也是一个小社会，分出了各个阶层。村子里也有富裕人家，只有一两户，那户富裕人家住着一片高墙大院，大门两边安放着一对磨光的上马石。大门很大，关闭得很紧，不知道里面是什么光景，只是常常传出铿锵的狗叫声，那一声声犬吠，显示出它们比乡民们的狗的伙食要好，底气要足。大门两边那一对磨光的上马石，像是包了浆的玉石，甚是光滑温润，孩子们喜欢爬到石头上玩耍，李瑛也爬上去过，被祖母发现呵斥下来之后，就不敢再去了。

祖母告诉他，那种地方是去不得的，远远看看还行。

李瑛见识过那户人家办丧事，破破烂烂的村街一下子被装扮起来，满街都是搭好的席棚，纸糊的金山银库纸人纸马浩浩荡荡站了一街，街上的氛围顿时便不一样了。一群吹鼓手在街边设了摊，呜呜咽咽吹了几天几夜，唢呐声从街头响到街尾，悲切中带着莫名的欢快。这样的阵势，李瑛在关外从没见识过。

村里有座小土地庙，还有座大庙。不知道那座大庙是不是1883 年在西欢坨村建的天主教堂，李瑛关于家乡的记载中没写清楚。按照文献记载，李瑛童年回故乡时的西欢坨村，村中有座天主教堂，那座教堂此时应该是兴盛的时候，直到 1966 年才被拆毁。或许，在关外见惯了洋式建筑的李瑛，对教堂之类的建筑见怪不怪，铁道边的许多三等小站的建筑都是西洋风格的，大概他觉得那些东西不值得记录。

回到故乡，许多东西都是新奇的。

李瑛读书很认真，父亲虽然不在身边，每到期末，便要求李瑛亲自写信汇报学习成绩。信寄出没多久，便能收到父亲的回信，回信不但有父亲写的信，还有上次李瑛寄去的那封信。父亲把李瑛写的信里面的病句和错别字一一改正了。以后再给父亲去信的时候，李瑛就认真一些了，像在学校写作文一样，先打一遍草稿，再一遍一遍修改，一遍一遍誊写，直到确认没有错字了才寄出去，这样就好多了，父亲夸他进步很快。

读书之余，也下地劳动，和纯真的小伙伴们一起拾柴禾、下河捉鱼虾、逮青蛙。他永难忘记的是熏黑的草房里一只乌黑的油盏，那秋夜深处悲凄地鸣叫的蟋蟀，还有一贫如洗的地头上，顽强生长的可以充饥的野菜。

他还会帮老祖母在灶前拉风箱，往灶里填柴禾。抑郁的风箱快乐地鼓动着，柴烟从茅屋顶上升起，苦味的北方农村，细细咀嚼，也有快乐温馨。

回到故乡的母亲更加劳碌了，孩子们上学了，需要钱的地方更多。为了贴补家用，母亲开始织席子卖。手工编织席子是一件辛苦的技术活，芦苇要反复碾压让它变得柔韧，还要一根根用刀劈开，编织到一起，编出美丽的花纹，编成一片片像白云一样的工艺品，那种席子叫凉席。母亲的手很巧，她编织的席子拿到集上去卖，很快便被抢购一空。为了赶织更多的席子，在熏黑的草房中，在蒲公英般苦涩的灯光下，母亲经常忙碌到深夜。他们家用野蒿草或者荆条系着的柴门外的土墙上，总是戳靠着一捆一捆的芦苇，母亲要把这些芦苇都编成席子。她蓬松的头发上总是沾着芦苇叶，席子的缝隙中有母亲淌下的汗水，也有她被割破的手指上流的血迹。

在诗歌《油盏》中，李瑛写过母亲在油灯下织席的场景：

风从撕裂的窗纸吹进来/摇动着黄晕的火光/苦命的灯盏/天天靠在夜的肩膀上/是那个年代最纯净的东西/伴着妈妈赶织席子/好等天亮送到集上/去换一把盐、几斤糠。//夜夜，我醒来/总听见灯花炸响/总看见妈妈的影子摇在土墙上/她吸吮磨破的手指/她捶打酸疼的腰腿/常常，她太困了、太饿了/便喝一瓢井水/伴着凄清的月光/荒村犬吠震颤的灯光/瘦弱的火苗挣扎地/开放在广袤无垠的北方。

老家的院子中，坐落着一口水井。

青石砌成的井台，周围的石沿儿已经被岁月磨得无比光亮。井壁长满青苔，井绳在石板上勒出凹痕，泛着阴凉的水一望到底。井水清澈但是并不甘甜，甚至带着丝丝苦涩，这或许是一口老井，祖祖辈辈就喝这口井的水，用这井水浇房后的小菜园。夏天，井水凉丝丝的，因为它的清凉，忘记了它的苦涩，冰凉的土井像一个天然大冰箱，把采摘的瓜菜放到里面，再取出来，凉凉的，吃着正舒服。

母亲也喜欢那口井，每每梳完头，或者从田间劳作回到家，她喜欢先到井边对着井水照一照，清澈的井水如一面明晃晃的镜子，井水映照着母亲年轻美丽的容颜。

尽管井水是苦的，喝着有难言的苦涩，如同苦涩的生活，但是，却也总能给他们的日子带来些许快乐。家中有了这口井，没有镜子的母亲便把井水当作她的梳妆镜，母亲把青春和美丽泡在苦涩的倒影里，送上一个自怜的浅笑。其实，与许多女人比，她是幸运的，她有让她骄傲的丈夫，在铁路上上班，她有引以为傲的儿女，乖巧懂事学业上乘，她只是苦些累些，只是没有一面属于自己的梳妆镜。但是，她有一口井，这口井不离不弃一年四季为她提供光洁平滑的镜面。

李瑛趁着没人的时候，也对着那口井照过，若是祖母、母亲或者姐姐在，他不敢到井边，她们是不容许这个小孩子凑近井口的，这里是危险处所。

井水中的那个孩子一张脏兮兮的小脸，一片树叶落到井中，井水泛起涟漪，那张童稚的小脏脸的完整图像立即散了，这面镜子并不好用。

李瑛离开井台，发誓要为母亲买一面小镜子。

随着母亲赶集的时候，在卖女人脂粉的小摊上他见过那种小镜子。

在走乡串户的货郎的担子里，他也见过那种小镜子。

集市上的小镜子是要用钱来买的，货郎担子里的小镜子可以用其他东西来换。

李瑛决定要为母亲换一面小镜子。

鸡蛋是可以换小镜子的。

祖母养了几只下蛋的老母鸡，生了蛋并不卖，留着给宝贝孙子李瑛吃。

乡村人吃蛋的方式，也就是煮着吃，炒着吃。当祖母要为李瑛煮蛋的时候，他抢过来要求自己煮，于是这枚没煮的蛋便攒下来，积攒了几只蛋，李瑛从货郎手中换来一面小镜子。

那一面镜子实在是太小了，握在手中，比手掌还小，李瑛用小手细细打磨着镜面，镜中那个小男孩就是自己啊，大大的眼睛，羞涩地笑着。

他把那面小镜子悄悄拿给母亲。

母亲看到小镜子一脸惊喜，平滑的镜面上清晰映现着她年轻的脸庞，母亲反复照着，只是，镜子实在太小太小，只能映出颜面的局部。

虽然有了一面小镜子，李瑛心中依然有些失落和遗憾，他暗暗发誓，长大了挣钱给母亲买一面大镜子，能映照到母亲整张脸的容面，能照到全身的那种大镜子。

七岁的孩子，懂得了日子的苦。

他懂事了，知道帮着家里做些事了。从学堂回到家，放下书包，便到村外挖野菜、拾柴。

晚秋的一日，李瑛放学后去拾柴。旷野中，有农人秋收后遗落的秸秆，有枯树遗落的枝枝丫丫，李瑛专注地寻找柴草，远处的天际，天色骤变，黑云翻滚，一场暴风雨即将到来。

李瑛舍不得丢掉捡来的柴，他紧紧抱着往家的方向跑，顷刻间电闪雷鸣，铜钱大的雨点噼里啪啦打下来，瞬时便成为倾盆大雨。

雨下起来了，本来对这里就不熟悉的李瑛迷路了，他分不清家的方向在哪里，茫然地在暴雨中奔走着。

疾风骤雨中传来母亲的呼唤，一声声撕心裂肺喊着他的乳名，声音被风雨撕扯得支离破碎，却能听出声音传来的方向。李瑛顺着传来母亲喊声的方向跑去，终于，他看到了风雨中挣扎着前来的母亲，看到了母亲奋力举着的那把油纸伞。

踉踉跄跄奔向母亲，母亲把颤抖的李瑛紧紧搂在怀里，泪水和着雨水顺着脸颊流淌。母亲那把破旧的油纸伞举到儿子头上，母子俩在泥泞的荒野上深一脚浅一脚地回家。

风雨中，七岁的孩子蜷缩在母亲怀里，他自己怀里却还牢牢抱着捡来的柴。

那是烧饭的柴，家中的锅灶还等着柴草去烧热，尽管这些柴现在已经被雨水浇得精湿。

童年苦难的生活，锻炼着李瑛的意志。

在乡村，李瑛家中经历的这些苦难，不过是百姓家的日常，许多乡亲，还有更深重的苦难。

村头的小土地庙，与北方许多乡村的土地庙差不多，这样的土地庙每个村庄都有，乡民都非常重视土地，土地是他们的命根子，有土地才有五谷，有了五谷才能生存，对土地常怀感恩之念和崇拜心理，让他们坚定地认为，别的庙可以没有，土地庙是不可或缺的。这种庙一般都是建在村头，庙不大但是香火旺盛，村里人生生死死都要到这里祷告一番。在西欢坨村头的土地庙前，李瑛经常看到冬天衣食无着的穷人蜷缩在庙门口的石阶上，贫苦的日子，土地神灵也保佑不了他们，有的人便冻死在那里，那凄惨的场景，成为李瑛童年记忆中凄凉的一笔。

村子中间的大庙，不知道是什么庙，庙中不知住了何方神灵。村民集会都去那个地方，这个地方便相当于村公所。集会的召集者，是土豪乡绅，一般都是召集村民向他们纳税纳粮征兵征役，有时候，也会因为乡民交不上土豪家的地租，或者打了乡绅家的恶犬，被押到大庙前。庙前长着一棵老槐树，那些所谓的刁民，便会被吊在老槐树的枝杈上，被吊打示众。

土豪乡绅家的家丁敲打着锣鼓，绕着村子转，召集全村人到大庙前，来观看被吊在槐树上的刁民的下场。终于零零散散来了一些人，更多的是喜欢看热闹的孩子，便有候了很久的打手迫不及待地上场了，他们挥舞着皮鞭，吊打挂在槐树上的人，直到打得皮开肉绽，奄奄一息，之后再放下来，赶着他们继续游街。

李瑛曾经作为看客，夹裹在看热闹的人群中看过一次这样的酷刑，他被吓得胆战心惊。在学堂上学的时候，有一次背不下教书先生要求熟背的圣贤书，被教书先生用戒尺打过手心，火烧火燎地疼，那种疼痛让他一生难忘，这种被皮鞭吊打比先生打手心一定疼得多。

李瑛是一个敏感内向而又倔强的孩子，而对这北方家乡的小村，他开始思索：为什么勤劳贫困的乡亲们，每天在这样水深火热的痛苦中煎熬。

李瑛不明白。

他问祖母：为什么村子里地主长工贫富差距那样大，为什么地里的粮食不能谁种谁收？

祖母叹息一声：人的命不一样啊，我们的命太苦。

命是个什么东西？

李瑛愈发不明白。这苦难的人生经历，在他心中种下了一颗种子。一旦有了合适的机缘，为劳苦大众求解放这颗种子便会生根发芽。

那个喜欢诗的少年人

李瑛在西欢坨村上了两年小学，1936 年，父亲调到天津东站工作，一家人又聚到了一起，住到铁路边的工房里。

这附近有一所学堂叫觉民小学，李瑛转学到了这所天津的学堂里。

那一年，李瑛十岁。

他感觉自己像戴着一串没有钥匙的铁锁，带着许多未获解答的问题，懵懵懂懂随着母亲来到天津。

从贫穷的小村庄，一下子走进天津这样的大都市，李瑛的目光有些应接不暇了。

他看到了一个与乡村截然不同的世界。

繁华的天津卫处处显现着独特魅力，街上的高楼大厦霓虹灯闪烁，弯曲的海河穿城而过，河面上行走着各式各样的小火轮，弥漫着欧陆风情的小洋楼风格多样而高雅，租界地面上分布着许多错落有致的楼宇，有一些是清朝遗老、北洋军阀、民国要人、洋人商人购置的房产，传统的典雅与欧式的奢华结合在一起，中西合璧。这些建筑，比西欢坨村地主家的庄园强了百倍。

这里的工厂码头一派繁忙，商业区繁华热闹，一间商店连着一间商店的街道，出出进进的是西装革履的男人和穿着旗袍高跟鞋的女人。街面上汽车鸣叫着驰过，电车叮叮当当不慌不忙走着，还有一阵风般跑来跑去的人力车。在某些不显眼的街边，也有失业工人饥饿的目光，也有反饥饿的呼号，但是，淹没在城市的喧嚣和忙乱中，显得那么低沉无力，那么黯然失色。

他的眼界一下子开阔了，原来世界这么大，不只是东北铁路沿线三等小站周边的那点儿景色，不只是西欢坨村村里村外那点儿风光，还有天津这样光怪陆离的大都市。

外出走在大街上，父亲指着街头商店的招牌匾额，问李瑛，这个字念什么，那个字什么读法，什么含义。

父母还带着李瑛去过几次公园，他们去的最多的是属于北宁铁路局购建的北宁公园。这是全国铁路系统第一个公园，景色秀美，古色古香，具有明显的皇家园林风格。父亲指着"鹿囿"的"囿"字问李瑛，这个字念什么？李瑛读不出，也不敢在父亲面前瞎蒙，只能摇摇头，诚实地答曰：没学过。父亲不喜欢不懂装懂的人。李瑛实话实说，父亲不生气，耐心地给他讲解这个字是什么意思，中国字里面还有很多围了四方框形状的字，从父亲那里，李瑛第一次了解了中国文字象形、表意的创造，他对上学更有了兴趣。

天津学堂里的同学，来自各个阶层的家庭，当初在村子里上学的时候，基本上都是清一色家境贫寒的同学，这里便不一样了。那些坐着汽车来上学的富家少爷，自带一种居人之上的霸气，家境殷实的同学也持一份瞧不起人的傲慢。李瑛想起来祖母说的"命"，是不是这些人天生"命"好？

李瑛这个插班生在那所学校刚上了一年多学，同学还没完全熟悉，他的学业又要搁浅了。

1937年夏天，一个闷热的夜晚，睡梦中的李瑛被枪声惊醒，他不知道发生了什么事，只是感觉到恐惧，父母把孩子们聚到一起，一家人守在一起，就像是彼此能壮胆，大家心中便多了一点儿安慰。他们隐隐感觉到，可能要打仗了，天津不再是天堂了。

第二天打探来的消息，前几日在北京发生了卢沟桥事变，如今，日本人打到天津来了，天津已经被日军攻占。

更悲惨的命运还在后面，侵华日军不顾国际公法，派飞机继续在天津上空轰炸。李瑛的家所在的天津东站附近，也是空袭目标。那个夜晚，东局子和东站的炮火惊醒了睡梦中的天津人，眼看着周边的房子已经被呼啸而来的炸弹炸成一片废墟，四周火光一片，母亲搂紧自己那群惊恐的孩子，孩子们吓得瑟瑟发抖，他们不知道下一步会发生什么，不知道哪颗炸弹会落到自己家的屋顶。

熬到天亮，以为轰炸停息了，新一轮轰炸又开始了，天空中又有飞机嗡嗡飞过，贴着房顶飞着，低得连戴风镜的驾驶员都能看清，李瑛看到了飞机翅膀下巨大的"膏药"标记，这刺眼的标记令人心头发颤。这里随时面临死亡的威胁，李瑛肚子饿得咕咕叫，孩子们都饿了，母亲搂着他们缩成一团，却不敢生火做饭。李瑛木然地望着窗外的天空，学校的方向不断传来轰炸声，他不知道以后还能不能继续上课。

很快就传来消息，他以后再也不能上课了，他上学的那所学校离国民党党部不远，那里是重点轰炸目标，经过日军地毯式的轮番轰炸和扫射，那一带已经变成一片火海，李瑛就读的学校被炸得伤痕累累。

日军的飞机还在天空俯冲轰鸣，街上的人都在往租界方向跑，父亲和母亲定了定神，决定也带着孩子们去租界躲一躲。此时，街道变成了战场，东站前被射杀的军马血流满地，许多房屋已经变成残墙断壁，房屋的废墟在炮火下燃烧着，空气中充满了焦糊的味道，到处是悲惨的哭声和绝望的哀号。

李瑛一家人随着惊恐逃难的人流拥进外国租界的教堂里。

法租界的教堂里已经挤满人，李瑛一家唯恐被挤散了，他们互相呼唤着，此时，只要人好好的，身外的一切都不重要了。

在租界地带躲了一阵子，盼望着局势能好转，但他们得到的消息是，一切都向着糟糕的方向进展着，日军已经全面占领天津，天津全部沦陷了。

轰炸终于停息下来，父亲带着一家人回到自己用了半生心血奋斗来的那个小家，一进门，他们惊呆了。家中空空如也，在他们去租界躲避的这些日子，家室已经被洗劫一空，家中所有的家当，所有衣物，所有用品都没有了，那是这个贫寒家庭一个铜板一个铜板积攒的全部家当。

父亲欲哭无泪，母亲的泪水已经哭干了，以后的日子可怎么过啊！

家园没了，学校没了，课本没了，换洗的衣物没了，一切吃的用的东西都没了。家里变得空空荡荡，父亲工作的火车站已经被日本军队占领，父亲的工作也没了。

走出苦难的农村，来到大城市，没想到遭遇到这样的悲惨命运。

此时，一家人在天津已经无法再生存下去。一直眉头紧锁的父亲开始盘算离开这个地方，人挪活树挪死，走投无路的情况下，换个地方或许更好一些。反正在哪里都是要从头开始。

拖家带口的，下一步去哪里呢？肯定不能再回到西欢坨村，好不容易走出来了，不能再回到原点，如果回去，就再也无力拔腿走出来了。

那么就去唐山吧。

唐山这座城市离老家更近一些，人脉也更多一些，父亲觉得或许能找到一个能养家糊口的工作。

已是初秋，却依然烈日炎炎，在这座城市，逃难的队伍利用各种方式迅速逃离天津。逃往唐山的人也很多，火车站、汽车站都挤满了人，闹哄哄的人流裹挟着夹杂各种气味的热浪，空气中弥漫着紧张的气息。

唐山是中国近代工业发祥地之一。中国第一座近代煤井、第一条标准轨距铁路、第一台蒸汽机车、第一袋水泥、第一件卫生瓷均诞生在这里，被誉为"中国近代工业的摇篮"和"北方瓷都"。1933 年长城抗战失利后，包括唐山在内的冀东地区就被日军侵占。

唐山也不是安全之地，在日军铁蹄之下，山河破碎，生灵涂

27

炭，哪有安全的地方？李瑛一家只能逃离到这里暂时躲避一下炮火。

唐山给李瑛最深的印象便是街心市场翻起迷人眼的黑土，那些狭窄的街道院落中间，行走着黑手黑脚的烧焦炭人，窑上飘摇着黑烟白烟，手提一盏矿灯的矿工都是一身黑污，横在街心的黑水沟，流淌着井底抽出的秽水。

这些污浊的黑是这座产煤的城市的气质。

初到这座城市，父亲一时找不到工作，李瑛想帮助父母，无奈年纪尚幼，找不到任何工作。家中的一点儿积蓄只能省着花，李瑛的学业也是断断续续地进行着，家中条件不允许了，他便辍学，条件稍好一些，便接着去读书。

后来，父亲终于在铁路局唐山附近的临时小站二庄找到一份相对稳定的工作，李瑛又回到学校，在唐山扶轮小学继续未读完的小学。

父亲坚定地相信，读书才是李瑛的唯一出路，他自己小时候读书很刻苦，也以同样的标准要求他的孩子。闲下来，父亲给李瑛讲得最多的就是古人头悬梁、锥刺股的故事，那是战乱中这个小家庭最温馨的时刻。

李瑛家租住的地方是嘈杂的居民区，邻居都是像他们家一样的城市贫民，许多人不识字。过年的时候，李瑛家的春联是父亲自己写的，他毛笔字写得好，春联用的都是古诗句，读起来雅致有文气，惹得邻居一阵赞叹。来年再过年，街坊邻居拿来笔墨红纸，请他为自己写春联。那时候，父亲脸上荡漾着春风般的笑意，他冥思苦想为每家邻居斟酌着春联的词句，要符合那家的家境，家家还不能重样。此时，父亲更加坚定了让李瑛读书的决心，他觉得一个人有了文化，才能赢得人们的尊重。

因为父亲的执着，李瑛虽然几度辍学，小学的学业总体上并没有耽误。在当时，许多家境像李瑛一样的孩子，都无奈中途辍学了。

李瑛　天天长大了。

他能体会到生活的艰辛和不易，有时候也会到城郊去挖野菜掺在粮食中吃。

在日军和汉奸压迫欺凌下，百姓民不聊生，到处是兵荒马乱，父亲挣的那点儿钱，赶不上物价飞涨，粮食不够吃，城外的野菜越来越不好挖，挖野菜的人比野菜都多。

每每从伪河北省冀东道公署所在地走过的时候，每每见到街面上横行霸道的日本兵，每每在夜色中偶尔从市中心地带经过，远远看到侵略者寻欢作乐的那片小楼灯火通明，每每在街上遇见那些穿着白色围裙斜披着写有"大日本国防妇人会"胸带的日本女人，李瑛的心中总是充满仇恨，他盼望着在沦陷区当亡国奴的日子快点结束。

十三岁那年，李瑛以优异的成绩考入唐山丰滦中学，也就是后来的唐山二中。

儿子的成绩让父亲很满意，终年劳碌的父亲最大的安慰就是自己的孩子有出息。那年春节，日寇统治下日子过得很压抑，但因为儿子很争气父亲兴致很高，他特意买了一包瓜子。这种瓜子一般都是过年的时候招待客人用，自己家是舍不得吃的，那年除夕晚上破例抓了几把给孩子们吃。父亲抓了两个黑瓜子摆在手心说，这是个谜语，打一古国的名字，孩子们猜猜看。李瑛他们都猜不出，父亲说谜底是"孤竹"。你看两个瓜子，不就是"孤竹"吗？接着便给他们讲孤竹君之二子伯夷、叔齐的历史故事。

那一夜，在稀稀拉拉的爆竹声中，吃着香香的瓜子，李瑛从父亲那里又学到一个历史掌故。在李瑛系统学习中国文学之前，父亲给他零零碎碎灌输的古代文学知识，起到了启蒙教育的作用。

从父亲这里学知识让李瑛感觉很轻松，至少要比学校轻松得多。李瑛不是很喜欢学校的氛围，那个时候的学校早已被日军"教官"把持，日本人企图通过日语教学等手段，通过奴化教育，使中国孩子逐渐接受侵略者的存在，心甘情愿地接受他们的统治，学生们有做不完的"东方遥拜"，干不尽的"勤劳奉仕"。

在学校，他悄悄问老师，为什么日本可以侵略中国欺压残杀中国老百姓？老师说，中国太穷，国力太弱，中国的科学家太少，实业家太少，将来读书多了就会懂得这些道理了。

于是，他拼命读书，父亲勉强供他升入初中。

他最大的惊喜是，初中的校园有个图书馆。这个喜欢读书的少年，从小就为买不起课外书而惆怅。这下好了，图书馆里那么多的书，他可以去读，读很多书，许多他想不通的问题可以从书中寻找到答案了。

读了很多书，还是没有找到问题的答案。但是，因为接触了诗歌、小说、散文等许多文学作品，他悄悄喜欢上了文学写作。

刚上初中的时候，他的理想是当科学家。那一次上作文课，老师出的作文题是《我的志愿》，李瑛写的是长大后要像爱迪生一样，当发明家。科学救国，是他最初的愿望。

不久，他遇见一位年轻的国文老师。

国文老师比他大十几岁，思想进步，且喜欢文学写作。那位看上去有些儒雅，有些抑郁的国文老师身上有一种特殊的魅力，吸引着李瑛这样的文学少年去接近他。

李瑛约了要好的同学课余时间去找国文老师。他们拿着报刊上看到的自己喜欢的文学作品，去和老师探讨。

老师的宿舍很简陋，床头挂着一副对联："文心清似水，诗胆大如天"，这对联让李瑛眼前一亮，感觉小屋中笼罩了一股文气，这气质和氛围确实与别的老师房间不同。

那一天他们谈了很多，除了一些与文学，与写作有关的问题，他们还谈到人生，谈到理想，甚至，老师还慷慨激昂给他们背诵了一些国破家亡的古诗，这个时候，老师身上的抑郁气质被一股阳刚气取代。李瑛暗想，中国传统的文人大抵都是这个样子的。

临别的时候，老师拿出几本书递给他们，书的封面上印着《寻梦者》三个大字，老师有些矜持地说这是他自费出版的诗集，请同学们批评指正。

有了这次接触，李瑛和这位国文老师成了朋友，他们身上有很多相同之处，都儒雅腼腆羞涩，都是喜欢幻想的理想主义者，都有刚正向上的个性，最重要的是，他们都喜欢文学，李瑛经常会拿着自己写的作文去找这位老师点评。接触久了，老师有时候会毫不隐晦地向他流露对日寇统治的仇恨和对伪政权的不满，这时候他声音低沉，看上去愈发抑郁苦闷，李瑛也被他的情绪所感染，对国仇家恨多了一些思考。

之后没多久，这位国文老师突然风一般消失了。

他离开学校去了哪里？谁也不知道。但是，国文老师给李瑛在文学之路上起到了引领作用，李瑛一生都在怀念这位神秘的文学启蒙者。

学生们很想念这位国文老师，却不知道去哪里找他。过去，国文老师的宿舍是大家的聚集地，他走了，几个文学爱好者便倡议，我们自己组织成立一个文艺社团吧，大家议定就叫"田园文艺社"。

文艺社的同学都是像李瑛一样家庭经济困难的学生，他们都没钱买新书，图书馆的书大都是旧的，想看新书只能到街头卖报纸书刊的地摊上，蹲在那里匆匆看一会儿，时间长了，卖书的老头便没了好脸色，这个时候若是还不走，老头儿便不耐烦了，就会惹来一顿斥责。偶尔有同学买到或者借到新书，便互相传阅。李瑛先前也买过一些新书，他记得还在天津的时候，父亲从他做工的铁路局领来半袋杂合面，知道儿子喜欢书，父亲让他把杂合面卖了，带着他去了趟天津劝业场买书。李瑛没舍得去买新书，而是去了劝业场的旧书店，在发霉的书架前翻来翻去，最终选了一本没有封面的《世界名著小说选》，还有一本《作文描写辞源》，现在也拿出来给同学们看。

读完这几本书，李瑛对文学的理解深刻了许多。

李瑛开始学着写文学作品，"田园文艺社"的同学们也在写，大家都是初学者，拿着写出来的作品互相修改。这志趣相同的一群人，除了谈文学，谈写作，也谈论人生，谈论学校的前景，还有更大的话题，便是祖国的命运民族的未来。虽然这些少年的观点有些肤浅，但是他们情真意切，心中充满着忧患意识。

当地有一个地方小报，他们与报纸取得联系，承揽了小报的一个版面，每周出版一期《田园》文艺副刊。

有了自己的版面和发表作品的地方，李瑛和他的同学们文学创作热情高涨。他尝试着写散文，写小说，写诗歌。文字虽然有些稚嫩，却清新生动。老师在课堂上布置的作文，李瑛也越写越好，经常被选中作为范文被老师夸奖，学校的作文比赛，李瑛的作品也经常获奖，这进一步激发了他的创作热情。

上课，写作业，读文学书，写文学作品，水深火热的苦难日子里，因为有文学陪伴，李瑛的生活变得很充实，散文和诗歌写得越来越有味道。他在《我怎样走上了学诗的道路》中说：

　　每写一篇作品总是改了抄，抄清又改，直到认为可以定稿了，便誊在笔记本上，自己还画了装饰和插图，一颗小小的心灵从中享受到莫大的欣慰和快乐。当时为了节省电费，我便点了一盏油灯，把火苗捻到最小的限度，读读写写，每至深夜。

他有艺术天分，也勤于思考，十六岁那年，就写下了"请收留我风尘仆仆的肩膀吧，我来到这里，想听你给我讲，一个民族的故事，一个家国的故事"的诗句。

对于这个夜晚点灯熬油的读写少年，父母默默支持着他。

父亲上过师范学校，或许他也曾经有一个没有实现的文学梦，虽然他还没有读过儿子写的诗，但他觉得儿子有才气，老李家祖坟上未必能冒出当诗人作家的青烟，不过，儿子如果成为写诗的才子，也算是光宗耀祖了，他对这个儿子可是抱着光大门楣的殷厚期望的。

1943 年，李瑛十七岁。

十七岁的少年进入了生命质疑和多梦的季节。

在死寂般阴郁压抑的小城里，春天依然如约而至。寂静的拂晓，正是黎明前最黑暗的那段时光，外面漆黑一片，沙沙的细雨随风潜入夜，淅淅沥沥下着。李瑛从睡梦中醒来，窗外传来布谷鸟清脆的叫声，那声音有些凄楚，却带着希望。小时候在故乡，李瑛见过这种鸟。它们或是躲在草丛中，或是站在田埂上，一到播种的时节，便"布谷布谷"地叫着，声声急切地告诉农人们，快快播种吧，别误了农时。村里的许多农户，没有自己的田地，有的四散逃亡，有的流离失所，他们何尝不想有自己的土地，春播秋收，过安定快乐的幸福生活呢。

这个拂晓，又听到布谷鸟的叫声了，春天就要来了。

李瑛再也睡不着了，他爬起来，点上灯盏，拿来纸笔，创作灵感来了，他快速写下了诗歌《布谷鸟的故事》：

播谷——忙着唱，

忙着催人播种吧。

荒芜的土地没人收拾，

饥饿的时代将你蹂躏，

播谷噙着泪，伫立在田野，

呼唤着，呼唤着……

布谷鸟清脆的初鸣，唤醒了李瑛的诗情，尽管过去他也写过一些诗文，但是，这次提起笔，文思泉涌，势不可遏，下笔如有神助。从此，开启了他一生漫长曲折却又无限精彩的诗歌道路。

被学校开除的流浪学生

《布谷鸟的故事》完成之后，稍作修改，就在报纸上发表了。

这首诗情绪有些低沉，却真实反映了沦陷区乡村的苦难现状。

那段时间，李瑛写了很多诗歌。

第二年，李瑛和"田园文艺社"的杨金忠、翟尔梅、王孝先、曹镜湖四个同学商量着要出一本自己的诗集，李瑛把自己最近写的诗歌整理了一下，与其他同学的作品集到一起。

这种出书方式是自费的，几个同学每人要筹集一些钱。

到诗集要出版的时候，李瑛犹豫了，父亲为了挣钱供他上学，每天起早贪黑地劳作，怎么忍心张口向父亲要钱出诗集？但是，他真地非常想出这本诗集，他对诗歌怀有近乎宗教信仰般的虔诚和近似疯狂的热情。那几天他情绪低落。知子莫如父，父亲看出了儿子有心事，便问他，是不是遇到了什么难事，有事告诉父亲，别憋闷在心里。李瑛吞吞吐吐说了要出诗集的事，父亲并没多说什么，他是那种行胜于言的北方汉子，他悄悄背上家中仅有的大半袋杂合面，走出家门。再回到家，粮袋空空的，手里攥着一点儿钱。

父亲把钱递到儿子手上：这些钱够不够？不够我再去想办法。

父亲不会写诗，但是，他盼望儿子成为诗人。他死水微澜的生活中没有诗意，他渴望儿子有一个美好的未来。

从父亲手中接过汗渍渍的钱，李瑛手中沉甸甸的，心里也沉甸甸的。他觉得自己有些对不住父亲，邻居家许多像他这样大的孩子早就辍学做工了，他不但没有给家里挣钱，还要花钱上学，还花钱出诗集。

他暗下决心，这辈子要混出个名堂，不能辜负了父亲。

诗集临出版的时候，有人提醒还是用笔名吧，免得惹麻烦。李瑛觉得有道理，便用了郑梦这样一个笔名。

诗集出版了，名字叫《石城底青苗》，里面收录李瑛十七首短诗。

这本诗集薄薄的，看上去很简陋，灰色的封面，也没有什么装饰感，而且还是一本几个人的合集。但是，李瑛还是很兴奋。

第一次拿到带着油墨香的诗集，他激动地翻看着，诗集的第一首诗便是李瑛的《布谷鸟的故事》。

后来，他出版过五十本诗集，却没有了出版这本诗集的兴奋。

"田园文艺社"是一个校园业余文艺团体，他们聚集到一起经常谈论祖国的命运民族的未来，这个社团组织的活动在校内影响力越来越大，引起校方的注意。日本教官开始悄悄查这件事，查到这个社团最活跃的几个人，其中便有李瑛。

校方还没来得及处理这些学生，便到了暑假，事情暂时放下了。

　　也就是在这个暑假期间，学校发生了一起偷盗案。

　　学校实验室丢失了一些仪器，其中包括照相机、显微镜、望远镜等。校方怀疑是进步学生偷盗之后，支援在乡下活动的八路军了。当时，在冀东一带的乡村，抗日活动一直在秘密进行，八路军在农村活动频繁。

　　学校怕担责任，于是便报了警。

　　日本教官和军警守着实验室查来查去，也没查出究竟是谁偷走了这些仪器。但是，这个案子必须尽快结案，于是，日本教官想到了业余文艺团体最活跃的那几个学生。

　　1944年暑假过后，炎热的夏日过去了，秋季开学那天，李瑛背着书包走进校园，还没进教室，就被学校的一名日本教官叫到办公室。

　　与李瑛一起被叫来的还有翟尔梅等好几个同学。

　　李瑛和翟尔梅等同学一走进那个办公室，便发觉里面的气氛不对，除了日本教官，里面还有军警，空气中有一股杀气。他们诬陷这几个学生偷了实验室的器材支援八路军。

　　李瑛和几个同学为自己大声申辩，他们没偷，凭什么怀疑他们，有什么证据？

　　申辩是没有用的，根本不需要证据，日本教官早就准备开除这几个人了，即使没有这个借口，还有无数个借口可以开除他们，每年以各种理由被除名的学生都有几个。

日本教官一脸凶相，不由分说地对他们下了开除令：

从今天起，李瑛他们被学校除名了，理由是"思想不良"。

李瑛还想继续申诉，被好心的老师拦住，该回家就回家吧，如果惹恼了这种人，会很麻烦，再招惹他们，说不定会有牢狱之灾。

李瑛沮丧地回到家，他已经准备好，迎接父母暴跳如雷的呵斥。

母亲沉默了一会儿，平静地递给李瑛一碗水，安慰他几句，无更多话语。

父亲下班回家，叹息一声，只说我们再去别的学校上。

李瑛喉头哽咽，此时他希望父母怨他、骂他，他心里反倒好受些。他清楚再去上学不是件很容易的事，唐山所有的学校都是日本教官把持，他们互相通气，一个被开除的学生，很难再被别的学校接纳。

凄凉的秋夜，躺在床上，他辗转反侧难以入睡，父母的心愿是供他读书出人头地，他不但没有长出大出息让父母过上好日子，现在连学都没的上了，他知道父母心里比自己还难受。既然不能上学了，就找个工作帮着父亲养家糊口吧，自己已经十八岁了，该帮父母承担些家庭重担了。

第二天一大早，李瑛早早起床，他打起精神，准备出去找工作了。

刚要出门，一位要好的同学匆匆跑进来，急促地告诉他，别随便出去找工作，今天先找个地方躲一躲，天黑之后尽快离开唐山。听说别的学校因为"思想不良"被开除的学生已经被日本人抓走，送到关外当劳工了。

母亲慌了，赶忙让李瑛先藏起来。

李瑛联系了和他一同被开除的翟尔梅，两个人商量了一下，看来唐山真的不能久留了，他们决定结伴当晚离开唐山，到天津去。

父亲焦虑地为李瑛查看唐山到天津的列车时刻表，晚上有一趟从唐山到天津的火车。母亲眼泪汪汪地为他准备行装，一些换洗的衣服，还有一些干粮，包进一个布包袱里，系紧了，又打开，看看里面还缺什么。

夜半，李瑛在萧瑟的秋风中告别父母，父母拖着重重的脚步送到家门口，却不敢送出太远，深更半夜怕动静大了惊动到人，一旦被人发现李瑛就走不成了。父亲把家中仅有的一点儿钱塞进他的口袋，满眼泪光，母亲泪涟涟地反复叮嘱着那几句话。李瑛和同学翟尔梅走进夜色中。那一夜，他们仓促登上唐山开往天津的火车。

未来怎么样，他们不知道。

一段让李瑛终身难忘的流浪生活开始了。

轻轻招手地离别了／向我的油灯和小窗／把昔日的梦留在那里／为我守着门，等我回去。

这是李瑛离开唐山的时候，写下的最后一首诗。

深夜，两点五十八分，李瑛坐上唐山开往天津的五一三次列车。这趟列车要差不多走三个小时才能到达天津。

　　绿皮蒸汽火车咣当咣当震动着，在夜色中行驶，车里装满了各种气味和嘈杂的声音，车上的灰烟火星和车两侧的团团白雾以及滚滚黑烟向后飘散，散在夜幕中，一切的声音和烟雾都融进乌沉沉的夜里。

　　李瑛张大眼睛，木然地听着车窗外的声音。外面传来哗哗的水流声，好像是到滨海了。继续往前走，大地现出鱼肚白，太阳从东方冉冉升起，列车中卖包子的小贩叫喊着挤过去，好像到了芦台车站，上来一大群跑单帮的，大呼小叫拥挤着，他们似乎比李瑛更有方向感，肮脏饥饿的脸上一脸坚定。

　　李瑛心中是茫然的，他要去的是一个没有故人没有亲人的地方，离开家和朋友越来越远了，什么时候才能回家，他不知道。过了塘沽，眼前是喧嚣的城埠，虽然曾经在这里生活过两年，于他来说，这座城市只有战火的记忆，这是一座留下过伤痛的陌生城市。

　　从唐山到天津，一路上，"轻轻招手地离别了，向我的油灯和小窗"，经过"狂风"的"田庄"，"落雨"的"芦台"，穿过大海岸边的"汉沽"和"白花花"盐滩的"茶淀"，最后到达"塘沽"，他在《流浪札记》说：

　　　　快到塘沽了
　　　　快到天津了

41

那里是喧嚣的城埠

请收留我风尘仆仆的肩膀吧

请收留我一双痛苦的眼睛吧

我来到这里

想听你为我讲

一个民族的故事

一个家国的故事

我心头的痛苦，我说不出

在北塘

踏上天津的土地，李瑛漫无目的地走着。

下一步该怎么办？

翟尔梅提议先分头去找工作，如果能找到一份合适的工作，吃住的地方说不定就都解决了。

李瑛觉得这个提议好，找到合适的工作，就有着落了。

街边高大的商店，厚重的玻璃窗里，琳琅满目摆满精美新奇的商品，这种地方他不敢走进去应聘。高端的绸缎庄、咖啡店，走到这些地方门前他止住脚步。

他只敢去看上去低端一些的地方，他觉得，只有那些地方才有可能接纳他。

他身穿铜纽扣制服，头戴硬檐帽，一幅学生装扮，硬着头皮怯怯地去街边的门店，去工厂，问人家需要不需要做工的。

对于这个满身学生气，看上去儒雅单纯的大男孩，没有人给他工作的机会。那些店铺和工厂需要的是一身力气的苦力，像李瑛这种细皮嫩肉的书生，哪干得了这些活计。

跑了溜溜一天，天色将晚，依然找不到工作，他又冷又饿，风从下面的裤管里嗖嗖吹来，脚上没有袜子，光着脚更觉凉遍全身。身上的包裹中没多少东西，此时也觉得无比沉重。里面有母亲放进去的干粮，他不舍得吃掉，这点儿东西要省着吃，不能一下子吃掉。

翟尔梅也没有找到工作，他一脸沮丧地和李瑛会合到一起。

夜幕降临了，天津的夜色很美，旋转绚烂的灯影下，各种霓虹灯闪烁着、跳跃着，李瑛坐在路边，却显不出突兀，夜幕中的大城市，街上人来车往，栖息路边的流浪汉到处可见，一条狗瑟缩着横穿马路跑过来，坐到李瑛他们身旁，吐着舌头喘息着，有一种找到同伴的安全感。李瑛感觉到，此时，他们与这条狗一样，都是这座城市的流浪者。

最终，他们还是找了一家最低端的小旅店住下。

李瑛脱下衣服，发现衣肩上的一颗铜扣已经松动得马上要掉了。他从小旅店伙计那里借来针线，就着摇曳的灯光慢慢缝缀。

过去，缝扣子的事都是母亲来做，出门在外，只有自己来做这件事了，笨拙地拿着针线，不由地便想起远方的父母，想起上一次母亲为他缝补衣衫的情景，思家之情袭上心头。李瑛的《缝衣》便是写了那个场景：

今夜的月照彻了思乡人的梦/独守这摇摇的烛火/听蟋蟀

在草下哽咽乃不胜单衣之寒了。/……这儿是扣子/这儿是衣肩/都是母亲当年缝起的/如今，只剩下遥远的思念/只剩下自己缝缀了。

不管找得到找不到工作，都要给父母报一声平安。

父亲接到他的信，告诉他，要找一所中学接着上学。

上学，上学，必须上学，在父亲心目中，只有儿子继续上学才有未来和希望。

按照父亲的嘱托，李瑛不再试图找工作，他要在天津寻找一所可以接纳他继续读高中的学校，读完他的高中学业，将来准备上大学。

李瑛告诉翟尔梅，他不再去找工作了，准备去上学。

翟尔梅声音低沉地说，我也不找工作了，反正也是找不到，我们一起去读书吧。

在天津没有熟人，学校也不会接受他们的。所幸他们认识一位名叫孟肇的诗友，和学校有联系。通过诗友的联系，李瑛和翟尔梅进了私立天申中学。

天申中学是天津市第二十中的前身，当时是一所完全商业性质的学校，分男、女二部，男中部校址在特一区，也就是今天的河西区徽州道，后来这所学校曾改名为"中正中学"和"私立津华女中"。

在这所学校，李瑛勉强读完高中。

第二章

沙滩红楼的新天地

借钱考上北京大学

边流浪，边读书。

这是李瑛逃亡到天津生活的主基调。

在学校上了没多长时间，便到了放寒假的日子。

年节近了，天也冷了。父亲说，回家吧，到了家躲藏起来，总比在外面流浪着过年好。

回到唐山，经过几个月的流浪生活，方觉有家的温暖。

白天躲在家中不出去，夜晚他睡不着，听着窗外那些矿工、铁匠、小贩、人力车夫在天色已晚的时光，还在街上忙碌着，他忍不住想，"今夜，每个人都有他们的居处吗/有屋檐吗/有炉火或炭盆吗、有锅和灶台吗、有碗吗/回头望窗外/正有一个乞儿透过纸缝望着我/他提着一只铁盒的饭桶/身边偎依着的是一只狗。"（《苍白的颤栗之夜歌》）。

李瑛在早期作品中，真实地、本质地、深刻地反映了贫苦人民的苦难生活。

夜深人静的时候，李瑛偶尔出去走走。

不远处是一条小河，冷酷的冰面映照着漆黑夜色，散步在冻结了落叶的冰河上，李瑛的心中无限凄冷。

过年了，在冷的夜，冷的街，干枯的树枝落着，叫卖声落着，日本宪兵坚硬的皮靴落着，门板上的红对联和炸响的鞭炮声是喜悦吗？年节过去，李瑛将面临的是新的流浪生活。

春节后，又回到天津苦熬了一个漫长的春天。

7月，李瑛决定和翟尔梅结伴去北平，报考北京大学。

他孤注一掷就想到北京大学读书，因为这所学校一直是社会变革的策源地，新文化运动、"五四"运动都从这里兴起，这里的教授不但学识渊博，在传授知识的同时，他们还在向学子们渗透和灌输救国救民的道义。与那些充满迂腐味的校园相比，北京大学既有博雅沉静之美，又有"思想自由，兼容并包"的大学精神。

李瑛向往北大，向往走进这座学府。临出发时，他手中没有去北京的盘缠，于是便借了钱凑齐盘缠，忐忑不安地进了北平。

日伪统治时期的"北京大学"，其实已经不是抗战之前的那所北京大学，"正统北大"已经迁往云南昆明，与清华大学、南开大学共组国立西南联合大学。此时留京的这所"北大"，是伪"中华民国临时政府"拼凑起来的。在历史上被称作"伪北大"。

李瑛只知道他要进北大读书，十九岁那年夏天，他报考了北京大学文学院中国语言文学系。

考完之后，回到唐山，等待录取通知书。

那注定是李瑛生命中最美好的一个秋季，录取通知书还没等来，却先等来一个振奋人心的好消息，8月15日，日本宣布投降，抗日战争胜利了。

47

唐山街头，一扫阴霾，到处是欢欣鼓舞的人们。

从此，李瑛不用再担惊受怕了，苦难流浪的生活终于结束了，扬眉吐气地走上街头，此时冷落的街头，终于不再冷落。

在偏僻的街角处，有日本侨民家眷在摆地摊售卖衣物，准备被遣返回国。那些宽袂花洋布和服随风飘展，一双双木屐和尘封的皮箱摆在地上，过路的人们见了这些都像遇见鬼，轻蔑地呸上一声绕着走。

收估衣的小商小贩走过去，用指头翻捡着一件件衣裳，或许，也只有他们能收这些人们不齿购买的日本衣衫。

夕阳西下，那一件件侵略者用过的东西，默对夕阳，向人们讲述这些侵略者没落的梦想。

好消息一个接一个，李瑛被北京大学录取了。

还有更好的消息，抗战时迁到西南联大的北京大学教授们要回来了，以后的北京大学，又回归到抗战前的格局。

一切像是在做梦，但一切又是真的。

李瑛兴奋得一塌糊涂。与他一同被中学开除，一同到处流浪，一同经历了诸多磨难的好朋友翟尔梅，也接到了北京大学的入学通知书，他们商量好，开学的时候，结伴同行。

父亲开始为他筹备上学用的盘缠，母亲则忙着扯布为他做件长衫，儿子要到北平读大学了，没件像样的长衫哪行啊，总不能让他穿着中学的学生服上大学吧。

长衫做好了，接着准备行装，几件换洗衣服，一些路上吃的干粮，拼凑成一个白色包袱。李瑛挎着这个白色包袱，和翟尔梅一起登上唐山到北京的火车。

9月，两个人这次结伴远行，与上一次从唐山到天津失学逃亡流浪心情不一样，这次他们心中都揣着一团火，一心憧憬着美好的新生活，在前面，一个陌生的新世纪，一个新天地在等着他们。

极度兴奋的喜悦让李瑛进入忘我的状态，真是乐极生悲，他忘了母亲辛辛苦苦给他拼凑的那个白色包袱，火车一到站，就兴冲冲地下了车直奔学校，当发现自己把包袱忘在车上时，为时已晚，还去哪里找他的行装？

正像李瑛的女儿李小雨在记录父亲青年时代文章里所说的：

> 父亲借钱考上北大。在唐山到北京的火车上，父亲雪上加霜地丢掉了祖母给他拼凑的白色包袱，里面有他的全部衣服和干粮。父亲就一袭长衫、两袖清风地跨进了北大。

上次来到这座城市的时候，它还在日寇占领下，城市的名字叫北京，几天前已经被国民政府改名叫北平了。

李瑛一袭长衫两袖清风地跨进了北大校园，虽然丢了东西，并没有影响他的情绪，今后会有一个比较安定的环境来好好读书了，这件高兴的事，足以抵消一切小小的不愉快。

两个多月前报考北大时，北大红楼还是日本宪兵队和汪伪政府驻扎的地方，日本投降了，红楼又成了北大教舍。报到之后，李瑛原想着还能与翟尔梅继续做同学，没想到他们这些考入北大的新生被分到了三个不同的学校。李瑛仍然留在北大上学,别的同学有的被分到了南开大学,有的分到了清华大学。翟尔梅则被分配到南开大学,后来,他在校积极从事进步学生运动,1948年离校去解放区,在行军的路途上牺牲了。

报到之后,李瑛被安排到地安门东边南锣鼓巷路西的一座瓦房小院住下。

李瑛在《我的大学生活》中曾写道:

我的大学生活,转眼已过去五十多年,这长长短短的岁月里,经历了沧桑风雨,许多人事、许多情景,不少已经模糊淡忘,但在北大读书的这四年不平凡的火热生活,却已成为我生命中最重要的组成部分,使我记得十分清晰,经常想起,难以释怀。

抗战胜利后,从昆明复校的北大师生回到北平,原有的校舍因为被日伪占用过,一时不能住进去,便在校外征集了南锣鼓巷等十余处房产作为师生宿舍。

李瑛刚入学时居住的文学院的那个宿舍点,是一座有十几个房间的大宅院,可以容纳五十人左右,院里有垂花门、朱红色走廊、高高的台基、带檐廊的正房厢房、倒座,窗前有几株稀疏的花树。院里有角道、有食堂、有洗脸间,冬天还有烧煤的火炉,每间房子住四人,文学院各系的人都有。

食堂里的饭有些粗糙,但能填饱肚子。抗战胜利光复之后的北平，国民政府的党政军要员陆续入驻，但是由于官员不作为，两个月之内物价便上涨了四到五倍，粮食紧缺，一千元法币一斤棒子面，学生有窝头丝糕吃，已经不错了。李瑛他们吃着粗糙的发糕和清水煮白菜的菜饭，身体有些营养不良，但是，这群年轻人出出进进依然充满蓬勃朝气。

宿舍院子的四邻都是普通民居，安安静静的，远离市井喧嚣。从南锣鼓巷的学生宿舍出发到红楼去上课，还要走二十分钟，对于一群风华正茂的年轻学生来说，这点儿路程算不得什么，谈笑之间便到了。

那时的李瑛，常常穿着一件半旧的长衫，他喜欢把手插进裤袋里，臂下总是挟着一叠讲义，或者是一两本书，亦或是几页未写完的诗稿，总之有一股清明睿智兼具些抑郁型的诗人气质。

他走路匆匆的，匆匆走在教室、图书馆和宿舍之间。

李瑛从小喜欢读书，小时候家境贫寒家中买不起书，上中学后，能从图书馆或者同学手中借书了，借来的书必须尽快读完还回去，所以养成了争分夺秒读书的习惯。

考北京大学之前，就听说北大图书馆藏书极丰。如今进了北大，他最想做的一件事就是到图书馆借书，如饥似渴地借读自己早就想看而未能看到的书了，在安静的课余时间，手捧自己喜欢的图书静静阅读。在他看来，便是今生最幸福的事了。

北京大学的图书馆在红楼西北，楼前绿树环绕，花草葱茏，第一次走进去，李瑛便感觉到一派宁静温馨的氛围，在李瑛的记忆中：

里面有宽敞明亮的大阅览室，向南是一面墙的大玻璃窗，一排排宽大明亮的台子，可以对面而坐，桌上中间有台灯，天暗时可自行打开，阳光直射时，可以随时拉上帘子。我是这里的常客，特别在大二大三时，有了常坐的习惯位置。在这里，除浏览一下主要的文艺报刊以及借阅课堂上所需的参考书籍外，更多的是读了大量国内外的文学名著，诗歌、小说和一些文艺理论。

能走进这样一个高端图书馆，是李瑛早就向往的。

办好一个图书馆，等于办好一所大学的一半，那是知识的海洋。他有强烈的求知欲，坐在宽敞明亮的阅览室，桌椅设计高矮适度，这里比宿舍安静得多，读书也方便，想看什么书，查什么资料，随手就可以找到。这个地方学习氛围浓重，置身其中会令人不由自主地专注起来。

李瑛的诗歌《图书馆里》记录下当时读书的一幕：

> 各人拥抱着自己的书本，
> 疯狂地吞噬着知识，我们饥饿，
> 像一只健壮的蚕，在蚕床上，
> 桑叶又铺上一层，哗哗作响。
> ⋯⋯⋯⋯⋯
> 我们在这里读着历史，
> 埃及的金字塔，巴比伦的城堡

我们懂得了人类的定义和自由的宝贵，

我们懂得了钢铁是怎样炼成的。

一本书如一棵成熟的果树，

我们读它，我们可以攀上去摘取，

一本书如一座美丽的宫殿，

我们读它，我们可以搬进去住。

李瑛爱上了这个地方，只要没有课，他就会到这里来，直到闭馆的铃声响起，不得不离开了，他才无奈地站起来。

有时候，带着书和笔记本去图书馆，有事不能带走，他就稍微整理一下存放在这里，回来再取时，东西还在，也从未丢失过。

北大图书馆的工作人员也是藏龙卧虎。1918 年，李瑛的唐山老乡李大钊曾任北京大学图书馆主任，北大图书馆积极学习和借鉴国内外图书馆的先进经验，这里还是新文化、新思想的重要基地。同年，还是青年学生的毛泽东从湖南来到京都，在北京大学图书馆做过图书馆助理员。1926 年，音乐家冼星海在北京大学音乐传习所读书的时候，也曾依靠在学校图书馆任助理员维持生活。

北大图书馆和别的图书馆就是不一样，李瑛发现，那些图书管理员都穿着长衫，文质彬彬的，一身儒雅的气质，一个个看上去纤弱瘦削，面色苍白，戴着深度近视眼镜，满脸书卷气。或许是因为常年在图书馆工作，职业习惯不允许他们大嗓门儿说话，这些做管理员的老师说话的时候都是轻声细语的。但是，他们工作的时候很在状态，认真、热情、诚恳，业务也熟练，似乎对馆藏的所有图书都了如指掌。

有时候，赶上李瑛想要借阅的图书恰好被别人借走了，管理员们能立即为他推荐相关的其他图书，而且依然是李瑛想看的。过了几天，被借出去的书还回来了，管理员立即告诉李瑛，你要借阅的那本书已经回来了。

这让李瑛很感动，他还以为图书管理员早就忘记了呢，原来人家一直在心里记挂着呢。

后来，他也在图书馆做过助理员，主要工作就是整理卡片，因为家境穷困，这样可以打工赚点儿钱，好交伙食费。除了做图书馆助理员，他还边念书边做家教，减轻家中的经济负担。

大学四年，前三年时光基本上是从宿舍到教室再到图书馆，三点一线，这是他主要的生活轨迹。读书不但丰富了他的精神生活，增长了文学艺术修养，也加深了他对社会对人生的理解，让他开始思考一些问题。他读的书包括古今中外的文化典籍、十九世纪外国文学名著、中国五四时期文学作品，他还从同学手中借到一些苏联当代革命文学和解放区文艺作品，通过阅读，他面前展现了一个光辉的新世界。通过读书，他觉得他好像突然长大了，突然成熟了一样，心里感到极大的敞亮和满足。

通过涉猎中外名著，接触西方从浪漫主义到现代主义的各种诗潮，受到中国古典诗词和现代新诗的熏陶，李瑛的诗歌创作进入一个新的层次，大量的阅读为他后来的诗歌创作提供了充足的文化准备。

诗人学生和他的老师们

李瑛真的很幸运，1945 年 9 月，他走进北大校园，从校长到任课老师，都是在中国文化史、中国教育史上的重量级人物。

抗战胜利后，北大复校，著名学者胡适任北京大学校长兼中文系主任。

身穿一件蓝灰色的长衫，轻轻地摇着折扇，看上去更像是学者的胡适校长，一开学便倡导："北大今后的作风，仍要本着蔡元培先生的'容忍'两字去做。我一向主张信仰自由，思想自由，发表言论自由。并且对反对方面，见解不同的意见，竭力容忍，予他人以自由。"

李瑛倒是更喜欢胡适对读书的见解，他认为读书应该有目标，"无目的读书是散步而不是学习"。

西南联大迁返后，许多在昆明任教的名教授都回来了。李瑛曾受教于杨振声、沈从文、冯至、俞平伯、朱光潜、季羡林、游园思、废名、常风等，还访问过清华的朱自清、李广田等先生。

李瑛说，在大学期间，他的生命和诗一起得到了成长，不能不感谢这四年轰轰烈烈的沸腾生活和这些德高望重诲人不倦的先生的教导。他从中学开始写诗，但对文学没有多少准确的认识，也没有判断高下的能力，直到大学，接触了那么多有才学的先生，让他开阔了胸襟和视野，提高了辨析能力，懂得了文学是什么，艺术是什么，诗是什么，美是什么。

教"现代文学"课的是杨振声教授，也是学校领导。早年间他也是北大毕业生，五四运动期间，还曾是北京大学学生领袖。杨教授身材高大，前额饱满，长方形的脸上笑容和蔼可亲。因为在学校有职务，平日里着装一贯讲究，或穿西装，或着大褂，手中的一个大烟斗像道具，有教育家和学者的风度，也有很有点儿绅士派头。但是，那一口浓重的胶东口音，又让他显得诚恳朴实，一下子增添了平易近人的印象。杨振声也确实待人诚恳坦率，于是，便经常有学生到他的住处去拜访他。学生去了，他便端出咖啡，或沏上清茶，把学生当作上宾。李瑛也去过杨振声教授的家，不记得是大几的一个冬日，在校园中李瑛遇见从远处走过来的杨教授，教授穿一件毛皮领的黑大衣，戴着皮帽，挟着皮包，当然还要衔着那个大烟斗，似乎没装烟丝，就在手中把玩着。迎面遇上了，李瑛恰好正要向他请教问题，给老师鞠了躬便顺便开始请教。杨教授或许觉得在冷风中站着太凉，硬是热情地邀李瑛去他家小坐。李瑛诚惶诚恐，既然老师邀请了，哪能不去呢。到了杨教授的书房，一杯散发着香气的咖啡递到他手上，李瑛接过那杯咖啡，听着杨教授旁征博引侃侃而谈，一下子拉近了学生和老师的距离，刚走进老师家的忐忑慢慢消失了。杨教授说到高兴处，还会时不时从书橱中找出一本什么书来，印证他的观点。

游国恩先生教李瑛班级"中国文学史"和"楚辞"。游国恩是著名楚辞研究专家，游先生那时五十岁上下的样子，相貌上是南方人的瘦矮，但是气色红润，只要一走上讲台便精神焕发，目光炯炯有神，虽然个子不高，讲起课来声音却异常洪亮。学生们常常惊叹于游先生的记忆力，他在课堂上随口就能背诵一段古典文学，下课后许多同学会围在他身边问各种问题，游先生的回答总是很让人满意。

俞平伯先生的课是"词选"和"清真词"，他个头也不高，光头，微胖，走路有板有眼，就像一首填好格律的词。他的长袍质感更接地气，脚上的布鞋随意舒适，冬天脖子上缠绕的大长围巾好长好长，绕过脖子之后，还长长地垂在身前身后。轮到俞平伯先生上课了，他抱一摞书，胸前的长围巾飘飘荡荡就进了教室。深度近视眼镜镜片把本来就很大的一双眼睛映衬得更大更有神。讲到精彩处，他顺口便津津有味吟唱起来，一边吟唱，一边自我陶醉地击节叫道："好啊！"全然不顾有学生在下边窃笑。

废名先生讲"陶渊明研究"，他的诗和小说都写得不错，出过诗集。他老家是湖北省黄梅县城，黄梅自隋唐以后，便成为佛教兴盛之地，浓厚的禅宗文化氛围让他与禅也有了不解之缘。同学们私下传说他常在家盘腿打坐，估计这不是传说，他的诗很有禅意，也源于此。

周祖漠先生讲"声韵学"，他能把汉语语音系统的沿革、辨析字音中的声、韵、调三种要素在不同历史时期的分合异同讲得条理清晰。

大学四年，还有常风先生讲"文学理论"，孙楷第先生讲

"小说史"，唐兰先生讲"文字学"。

为开拓视野，李瑛在校还选修了部分西语系的课，通过阅读不同国家、不同民族、不同流派、不同表现形式和不同艺术风格的文学作品，增强自己的艺术修养。这种选修形式，说白了其实就是蹭课，只有蹭来的课听着才带劲。蔡元培主校北大时，面对盛行旁听与"偷听"之风，曾提出课堂公开，相当于公然鼓励蹭课，所以，在北大蹭课不过就是等闲之事。据说，有时教师上完一学期课竟发现底下听课的没有一个真正选课，都是旁听生。

李瑛经常去听西语系朱光潜先生和冯至先生的课。朱光潜的《无言之美》《给青年的十二封信》李瑛都专门找来读过，感觉深受启发。他听朱光潜先生讲雪莱和拜伦，朱先生的课富哲理思考，大大开扩了李瑛的视野。他还经常旁听冯至先生的课，听他讲歌德、里尔克。因为喜欢冯先生的诗和充满诗意的抒情散文，加之先生当时还兼任《大公报》的文艺副刊主编，李瑛多次到他家去拜访，听他谈西方诗歌的发展、流派和格律，以及他对我国五四诗歌的看法。作为冯至的学生，那个时期他的诗歌创作，受到了冯至的《十四行集》的影响，李瑛写的《死和变》，从意象和用词都明显有冯至诗歌的痕迹。

除了蹭本校其他系的课，李瑛也去清华大学校园旁听朱自清先生的课。

这些教授都很喜欢李瑛，他的勤奋和在诗歌创作方面的才能得到了老师们的认可，他创作的诗歌和写作的诗歌评论，得以在冯至、杨振声、朱光潜主编的文艺报刊上发表。他写了文章，教授们经常帮助修改后再发表，让他受益匪浅。

那段时间，李瑛发表作品最多的报刊是沈从文主编的《大公报·星期文艺》《大公报·文艺》《益世报·文学周刊》《平明日报·文学副刊》。

北大所有老师中，对李瑛影响最大的应当是沈从文先生。

这位教"创作实习"课的教授给李瑛上第一堂课，就给他留下深刻印象。

沈先生是教授，也是作家，他作家的名气似乎比教授更响。他一身的文人气，看上去瘦瘦弱弱的，像所有的教授们一样，穿着那个时代的蓝色或灰色长衫，长衫穿在他瘦削的身体上，飘飘荡荡的，更显儒雅飘逸。沈从文先生永远不改他的湘西口音，他的湘西话听上去如凤凰古城一般有柔婉的诗情画意。藏在眼镜后的一双眼睛细细地眯缝着，古代戏文里那些温文尔雅、眉清目秀、举止洒脱的书生们大抵就是这个样子的吧。不过，这个书生有些老了，四十五六岁，在那个时代便是半老男人了。

在学校上学的日子过得很快，一晃便是一学年。

上到大学二年级，李瑛对这里的一切已经熟悉了，和同学们，和教他们的先生们，都建立了良好的关系。

大二开学不久，有一节沈从文的课。

李瑛喜欢听沈先生给他们讲课，他和别的老师不一样，讲课的时候脸上总带着微笑，不像是威严的老师，更像是倾心交流的朋友。那天，沈先生在黑板上写了"钟声"二字。

这是一篇命题作文，这篇作文留给学生们课下完成。

对于沈先生留的作文，同学们写得都很认真，因为沈先生当时在编几家报纸的文艺副刊，近水楼台先得月，如果学生作文写得好，就有希望在他编辑的报刊上发表。沈先生是个感情率真的人，他待人从来不会拐弯抹角，不管是哪位同学只要需要帮助，他都会伸出热情的双手，当时班上许多同学都受过他的扶助和培养。他帮助人不求回报，所以在李瑛看来，沈先生实在是一个大度善良的长者。

老师布置了《钟声》这篇命题作文，李瑛当然也倾尽才华妙笔生花地去完成，他也盼望自己能写好，被沈先生看上。

沈先生果然慧眼识才，看中了李瑛写的那篇短文《钟声》，不久，这篇文章被沈先生拿到他编辑的报刊编辑部，在报纸的文艺副刊上刊出了。

文章发表了，印成散发着油墨香的铅字，还给李瑛发了稿费。

一篇短文，稿费应当不会多，但是可以补助一下他的伙食。那时候李瑛的物质生活很差，不敢花钱吃好点的饭菜，如果能在校外的小饭铺吃一碗馄饨或一盘炒饼，能高兴好几天。他在图书馆做过助理员或做家教，也是为了补贴每月伙食费的不足。这篇短文的稿费，够他吃多少碗馄饨和炒饼啊。

发表作品的成就感荣誉感与小小的物质刺激，更加激发了他的创作热情和信心。

红楼西侧的中老胡同三十二号，那里是沈从文的家。

走进厚厚的红漆大门，才发现其实院子很大，进了大门还要走二门，左拐右拐的绕过好几幢平房，才能到西北角的一个小套院，沈从文先生住在那里。

这个大院与故宫东北角仅隔着一条护城河和一条景山大街，三个三层的四合院，里面有花园、假山，还有一百多间青砖瓦舍，清朝年间是瑾妃和珍妃娘家住的地方。抗战胜利这里成为北大的宿舍区，先后居住过三十多户教授学者。

走进大院，或许就会遇见某一位自己认识的教授，朱光潜、冯至都住在这个院子里。李瑛每次找沈从文请教，沈先生总是在伏案忙碌，有时候是在伏案审读学生的作业，毛笔的蝇头小楷修改得十分认真，有时候则是在写作。见学生来访，他立即放下案头的工作，热情地把客人迎进来，转身倒上一杯清茶，有时候还会为他冲一杯热腾腾的牛奶。润人心脾的牛奶温润洁白，啜上一口香浓的热牛奶一股热流温暖全身。有几次，沈先生十岁左右的儿子沈龙朱、沈虎雏还会跑过来为李瑛杯中的牛奶加上一匙炒米，混着炒米香的牛奶香气弥漫开，一丝丝醇香和温暖充盈到李瑛饥饿的胃中，那是他从小到大喝过的最香甜的牛奶。

沈从文先生与人交谈的时候永远是笑眯眯的，操着他的湘西口音说这讲那，讲文学写作，也讲做人的道理。当然，少不了要讲到他的湘西故乡，讲到凤凰古城的人文风光。有时候，还会送李瑛自己刚出版的著作。

那时候，作为副刊主编的沈从文身边围绕着一大批青年作家，在报刊上，沈从文喜欢刊登充满青春活力的作品，喜欢扶植青年作者，李瑛也是沈从文作者队伍受推崇的一员。沈从文曾在《新废邮存底》中这样评价《益世报》推出的一批文学新人：

……在刊物上露面的作者，最年轻的还只有十六七岁！即对读者保留崭新印象的两位作家，一个穆旦，年纪也还只有二十五六岁；一个郑敏女士，还不到二十五。作新诗论特有见地的袁可嘉，年纪且更轻。写穆旦及郑敏诗评文章极好的李瑛，还在大二读书，写书评文章精美见解透辟的少若，现在大三读书，更有部分作者，年纪都在二十以内，作品和读者对面，并且是第一回。

那段时间，李瑛写过一些诗评，《读郑敏的诗》《读〈穆旦诗集〉》《论诗人绿原的道路》《读〈十四行集〉》。"夹在低级趣味的文化事业和枯索落寞的精神生涯之间，诗——那最高贵的灵性活动的象征——已然搁浅、冻结，被置在一个无人过问的角落冷禁起来"，这是李瑛先生1947年在《读郑敏的诗》一文中对当时中国社会人文境况的一种素描。从这些文章中，我们可以觉察到诗人诗歌理念的现代性趋向，这使他自觉的艺术探索和追求与20世纪40年代中国新诗的发展处于同一水平线，这些诗评大都发在沈从文编辑的报刊上。沈从文的眼界是极高的，不会轻易评价一个还没真正入门的文学新人，但是，他评价李瑛"诗评文章极好"，等于对李瑛给予了肯定。

许多年之后，回忆起北大的学生时光，回忆起沈从文先生，李瑛依然深情地说："他对我的扶助与教导，我铭记在心，难以忘怀。"

北大校园的地下党员

在北京大学，李瑛除了接受诸多名师的教导，在学业和诗歌创作、诗歌理论上有了长足长进，另一个巨大的收获就是加入地下党，成为革命队伍中的一分子。

小时候，在贫穷的故乡，他质疑为什么勤劳贫困的乡亲们，每天在这样水深火热的痛苦中煎熬。为什么村子里地主长工贫富差距那样大，为什么地里的粮食不能谁种谁收？上中学的时候，他质疑为什么日本可以侵略中国欺压残杀中国老百姓？

祖母的答案是人的命不一样啊，我们的命太苦。

老师的答案是中国太穷，国力太弱，中国的科学家太少，实业家太少，将来读书多了就会懂得这些道理了。

李瑛长大了，他走进北大校园，在北大读书的那个时代，沙滩红楼是富有朝气和活力的开放空间。"怀疑和追根问底"是北大的学术精神，李瑛这些勤于思考的青年学生，走进校门便开始探究、思考人生的哲学命题了。

那时候，他还住在南锣鼓巷。

傍晚下课回到宿舍区，该逛的街逛完了，四周能去的地方都走了一遍，像所有的大一新生，经过了短暂的喧嚣躁动之后，生活学习归于平静，便感觉有些单调，缺了点儿什么似的。有的同学就倡议组织一个学术社团，定期开展一点儿文化活动。

这个宿舍区住的是各个系的学生，历史系同学张守常也住在这里，这位来自山东的高年级同学比李瑛大几岁，是从英文系转入历史系的。由这些比李瑛他们年级高一些同学出面，很快成立了一个小团体，这个社团的名字叫"锣鼓学术研究会"。

活动是自发的，这个学术研究会研究的面很宽泛，有时候，他们会认真地研究文学，经常会请一些老师来作指导，比如曾邀请当时在北大任教的教育家、小说家闻国新为他们作指导，讨论鲁迅等作家的文学作品。有时候，他们也半认真半调侃亦庄亦谐地研究一些昆曲之类的问题，其实昆曲研究是个很严肃的问题，他们这些人并不真懂昆曲，切入话题之后，七嘴八舌地开始议论，有的同学还怪声地学唱昆曲的腔调，模仿的自然是不像，引来一阵笑声，把一场学术研究会搞成了气氛活跃的侃大山。

北大鼓励学生在课外自由切磋相互交流，在全校形成了十分宽松活泼的学术研讨氛围，学生们在课余组织了许多社团，他们出墙报办讲座开研讨会，各种不同的学术观点都可以大胆提出来，有时候争论起来会很激烈。

这就是北大，李瑛喜欢并热爱的校园。

他盼望着在这样的环境中安心读书，顺利完成四年的学业，然后找个好工作，成家立业，过舒心的日子，这是他父亲对他的最大期望。

安静的日子没过多久，国民党反动派悍然发动了全面内战。

1946 年、1947 年爆发了"反内战""反饥饿"运动。时局迫使李瑛改变了刚入学时的想法，他学会了思考，他逐渐认识到，当时的大环境难以安稳地放下一张书桌，必须到斗争的激流中去。

北大，向来引领时代潮流，敢为天下先，向来勇于承载使命，铁肩担道义。面对残酷的时局，北大学生学运动高潮风起云涌。

狂风骤雨冲击着每一个有正义感的青年学生，从 1946 年底开始，李瑛积极投身学生运动。大学社团是学生运动重要的中介和组织形式，李瑛在 1947 年 12 月加入了北大"文艺社"，开始参加了地下党组织的学生活动，走上街头投身"反饥饿""反内战""反迫害"的一波又一次的示威游行。

文艺社经常举办各种文学讲座、作品研讨会，每半个月出版一期壁报，除此之外，还会以群众歌咏、漫画、活报剧和朗诵诗等形式开展活动。

李瑛在《我的北大生活》中回忆：

> 我在大三、大四时曾化名陆续写了多首反映当时学生运动和我们战斗决心的诗，抄在墙报上，贴在红楼和民主墙上，记得最后一首是 1948 年 12 月写的篇幅较长的朗诵诗《中国学联，我们的旗》，刊载在铅印的学联出版的刊物封面上，并在中法大学组织的晚会上朗诵过。

那个时期，李瑛的一些诗歌，大多是为了配合社团的文艺活动而创作。

适值历史大变动、大转折的年代，方生与未死、光明与黑暗做最后的对决。此种历史语境，使诗人的生命受到民族觉醒和人民解放的激励与鼓动，焕发出了极大的创作潜能。作为"校园诗人"他写了很多激昂抗争的诗歌作品，发表在北平、天津各种报刊。诸如《把手掌握成拳头》《石头：奴隶们的武器》《献给北大人的诗》《让我领你走上这条路》《中国学联，我们的旗》等。他在《死与变》中这样写道：

> 我们赞美树巅的柳蝉，
>
> 歌唱火热的时代，歌唱光明，
>
> 我们赞美破茧的蚕蛹，
>
> 为了它们的生命，第二次诞生。
>
>
> 它们是十分心愿的，它是心愿的，
>
> 它们痛苦的一生叫我感动，
>
> 如果你醒来，你会看见：
>
> 它反抗它的昨天像一场战争。
>
>
> 我们抚摸着自己的肉体在感觉里，
>
> 像是刚刚苏醒，刚刚成形，
>
> 我们拥抱着的是一片蓝天，
>
> 窗前的一树扁柏，门外的一棵冬青。

不断地分裂，不断地遗忘，

这是一切适宜的顶峰：

对于自然的匆忙，这是秩序，

对于愚蠢的人类，这是觉醒。

自然的轮替，历史的变迁，除旧布新的蜕化是一个不可更移的律令。在此种真理的光照下，诗人个体生命的"觉醒"，对他的诗歌写作来说，具有根本性的意义。

既认同诗歌与现实的血肉关系，强调诗歌突入现实，感应时代的震颤的脉博，让自我生命与灵魂的爱和希望融入人民苦难的命运，表现出热切的人文关怀，以此担负起诗歌的历史使命；同时，也持守诗歌作为一种艺术创造，具有一种必不可少的美的特质，诗人被称为创造者，这也是他不可擅离的美学宿命。此二者的平衡，构成了李瑛诗歌的起点。其价值和深运意义，在于它疏导和制衡了他以后各个时期的诗歌创作，并发挥了这样或那样潜在的校正作用。

在革命大风涛中，接触到进步思想的熏陶，懂得了许多革命道理，这个曾经那么腼腆的青年学生成长起来了，他从一个内向羞涩的迷惘少年成长为一名抒写历史的有时代责任感的诗人，成长为一名为真理和正义而战的勇敢的战士，并一步步走向共产党的阵营。

1948 年春天，李瑛已经是大三学生了。

3 月 29 日，那是个难忘的日子。

那个夜晚，北大民主广场洋溢着青春的热情。

这个被称作北大民主广场的地方，李瑛刚入学的时候，这个地方是学校的大操场，这个操场见证着一代代北大学子不怕牺牲的精神，1919年5月4日五四运动在北京大学爆发，游行队伍就是从这个大操场出发的。之后这个大操场便成为爱国青年学生集会、活动的重要场所。

从红楼到民主广场，从食堂到宿舍，到处都回响着《你是灯塔》《团结就是力量》《跌倒算什么》《古怪歌》等战斗的歌声，那是来自延安的歌曲，那是来自解放区的旋律。那激越的旋律，在风雨飘摇的年代，让这些青年学子的心和国家民族解放的伟大事业紧紧地联系在一起。

如今，民主广场是北方学生运动的"司令部"，华北学联在这里成立，学联的重大集体活动都在这里开展，学联组织的诸多著名学生爱国运动的游行队伍都是从这里出发的。国民党当局无理查禁华北学联的事情时常发生，北大民主广场也是军警宪特最关注的地方，当学联举办活动时，经常会突遭包围，军警宪特在北大三院门口及红楼对面架起一挺挺机枪，虎视眈眈地盯着手无寸铁的学生。

面对危险紧张的气氛，学生们从容地伫立在广场，讲演如初，歌声照旧。

李瑛刚刚加入这支队伍的时候，面对那黑洞洞的枪口的威胁，也有些紧张，同学们的淡定感染了他，既然加入到革命组织，就要抛掉怯懦和软弱，不怕牺牲。李瑛一步步成长起来，他毫不退缩，成为学联组织的骨干力量。

3月29日，那个温暖的春夜，民主广场燃烧着熊熊篝火，照亮四周恐怖的黑夜，华北学联在这里举行着平津同学万人大会，来自平津的学生们高唱着"兄弟们向太阳向自由"的歌，歌声响遏行云；他们高举着旗帜，旗帜在篝火映照下一片火红；他们激昂演说，民主广场上空激荡着昂扬向上的年轻声音。

学生们共同宣誓："同甘苦，共生存，一校受迫害，八校支援，一人被摧残，全体营救。"争取公费和自助助学的运动赢得了大多数同学的拥护和支持，扩大了进步势力在学生中的影响，壮大了革命力量。

那一天，李瑛很忙碌，忙着接待前来联谊的各校同学，校园里贴满壁报，红红绿绿的标语，各院系社团的墙报从红楼走廊直贴到民主广场，学生自治会的文化服务社在出售进步书刊，海报直贴到饭堂门口。有些教室里在举办讲演，有的在举办欢迎平津各院校学生的活动。欢迎的形式很简陋，李瑛他们作为东道主，紧握着那些陌生同学们的手，所有青春的脸庞上都挂满纯真而坚定的笑容，每一个人都似曾相识，他们是共同的战友。他们来自平津各大名校，有的学生经过长途跋涉风尘仆仆。李瑛顾不上喝一口水，声音嘶哑着，为那些同学们递上一碗白开水，送上一碗小米粥，这便是一顿欢迎晚宴了。

那个夜晚的活动很成功，活动结束，许多人就睡在红楼的地板上，李瑛陪着他们。其实谁都睡不着，大家还沉浸在刚才那热烈的场面中无法平静，透过狭小的楼窗，望着窗外黑漆漆的夜晚，每个人心中都期盼着一个美好明天。

李瑛创作于1948年3月29日的长诗《欢迎我们的伙伴》，就是为那一日在北大民主广场举行的平津各校篝火晚会而作：

> 你们来了/经过一个苦寒的冬天/让我们怎样欢迎你们呢/
> 我们不懂得鸡尾酒会和/豪华的盛宴/让我们以简陋的仪式欢迎
> 你们/以粗大的手掌/滚烫的胸膛/以笑得通红的脸庞和/嘶哑的
> 喉咙/让我们以掺有沙土的小米粥和/多沉淀的白水/以劣等的
> 纸烟//让我们以《列宁在十月》/以大张壁报、欢笑的标语/
> 以激昂的演说/以燃烧着恐怖黑夜的熊熊篝火/而我以这首诗//
> 让我们怎样欢迎你们呢/我们不懂得洗尘的舞会和/堂皇的绸
> 帖/你们含着泪来了/经过一个苦寒的冬天……

1948 年，就是在这一年，李瑛加入了中国共产党。

他的入党介绍人名叫岳麟章，是 1946 年由教育部保送进入北京大学历史学系学习，虽然比李瑛低一年级，政治上却很成熟，当时便是地下党员。这位来自陕西陇县的党员学生质朴憨厚，稳重机敏。那时候，李瑛他们已经搬到西斋宿舍居住，在宿舍里，他们一起撰写编辑一些封面加以伪装的政治宣传品的小册子，铅印装订后再暗中发送出去。

工作中，岳麟章觉得李瑛是个经得住考验的好同志，作为他的入党介绍人，介绍他加入了地下党。

那时候入党是不公开的，北大学生中有多少地下党员，他们自己也不知道，为了保证地下党学生的安全，彼此都是单线联系。

李瑛在黎明前的黑暗中蛰伏着，等待着光明的到来。

脱下长衫，换上军装

对于李瑛来说，这是他生命中很值得纪念的 年。

1948 年 6 月，李瑛正式加入党的外围组织"革命青年联盟"，之后他申请加入地下党，成为国统区反蒋"第二战线"前沿战线上的一名战士，他和一起搞学生运动的同学们做了大量工作。

那时候，李瑛的宿舍已经搬到西斋。四年大学生活，他们换过几个宿舍，先是大一的时候住南锣鼓巷的四合院，大二时宿舍由南锣鼓巷迁到北河沿三院，大三和大四又住进景山东街的西斋。

西斋是北大的男生宿舍，虽然也有北平四合院的传统的金柱门、厚厚的影壁，但看上去更像学生宿舍，西斋一进门有一座影壁，转过去对面是一条深深的巷子，从南往北一排排灰砖平房排列开来，排与排之间有五六米的空地。这个宿舍区很隐蔽，在这里，李瑛和华北学联的同学们编写宣传品，印制宣传册，创作反映当时学生运动的诗歌。

那些宣传品、传单很快便会寄送出去，李瑛的导师们也经常会收到一份传单，他们没有想到，印制寄发这些违禁印刷品的，便是他们最得意的这位内向儒雅，已经上到大三大四了还依然会有几分腼腆的好学生。

西斋每间宿舍里住着四个人，各有一床、一桌、一椅、一书架。

李瑛把宿舍当作战场，这个战场上有许多与他并肩作战的战友。

他的同班同学艾治平便是与他一起作战的战友之一。

他们不但是同班同学和革命同志，还是唐山同乡和文友。1947年艾治平出版了《今日的北大》，1948年"七五血案"后，艾治平以慕容丹的笔名出版《七五前后》，徐德珩先生题写的封面。

那年的盛夏季节，注定是不安分的。

7月大规模的示威游行之后，北京大学成为反动当局防控的重点区域。他们按照一份黑名单抓进步学生，这张黑名单上有地下党员，也有进步学生。

谁上了那张黑名单，不知道哪一天就被抓走，每一个进步学生都有被抓的危险。被抓的学生有的经过请愿被校长胡适保回来，有的永远回不来了，年轻的生命牺牲在黎明前夕。

恐怖的日子里，李瑛没有退缩，他依然和一起搞学生运动的同学在红楼地下室、西斋学生宿舍里印了很多宣传品。

这些宣传品，有党从解放区带回来的报纸，还有毛主席的讲话和一些政策性文件。学生们买通印刷厂工人偷偷印刷，然后在校园，在街道去散发。

到了最炎热的时节，外面的紧张空气也到了窒息的地步。

从宿舍到校园，同学们发现，学校周围突然被军警堆起沙袋街垒，西校门也筑起了工事。

从西校门到男生宿舍西斋的景山东街，架起长长的铁丝网。宿舍周边，校园内外，都有可疑的人在活动，这些特务打手目光凌厉，虽然身着便装，装扮成学生或者普通市民的样子，但是他们一直在固定的地方游荡，仔细一看便能辨认出这是便衣特务。

有几个夜晚，学联组织安排起了学生在宿舍区暗暗放哨值守，放哨的学生趴在墙头和屋顶上，一旦发现有警车过来，立即发信号，防止军警突袭抓人。

残酷的斗争形势，迫使地下党员潜伏下来，李瑛也听从组织安排，潜伏下来了，一直到北平解放。

这是一座古老的城，死的城，人们像走进寒冬，在马路边，教授们挟着黑色公文包低着头匆匆行走，校园里的革命运动暂时转入地下，但是，那里行走着的，依然是桀骜不驯昂头挺立的青春身影。

那一年，李瑛的诗歌创作也进入高峰期，在《大公报》发表了长诗《窗》，在《青岛文艺》发表了《太阳，呵，太阳》，在《北方日报》《诗号角》发表了长文《论诗人绿原的道路》，在《中国新诗》发表了《沉痛的悼念》，在《华北日报》发表了《读〈十四行诗〉》，并出版了诗集《枪》。

一半是水，一半是火的峥嵘岁月，阻挡不住年轻人的意气风发，也阻挡不住甜蜜的爱情。

李瑛深爱的那个女孩叫冯秀娟，也是一名进步学生。

他们是同学，也是战友。李瑛晚年的时候，回忆起那段难忘的青春时光，娓娓叙说道：“老伴儿那时和我一块儿考的北大，我和她是大学同学。后来她被分到南开，因为她家在天津。我和她一起搞地下工作，她在南开搞学生运动，我在北大搞学生运动。”

10 月一个晴好的日子，在北京南长街的小礼堂，李瑛和冯秀娟举行了简朴的订婚仪式。

那天，他的几个导师也兴致勃勃前来祝贺学生的订婚仪式。

他们一起聚了餐，还合了影。

在晦暗压抑的日子里，一桩喜事让师生的脸上都绽开了久违的笑容。

那天的照片永远记录下李瑛那个幸福的瞬间：

李瑛一身笔挺的西装，潇洒倜傥，一脸灿烂的笑容，身姿绰约的冯秀娟娇美地站在李瑛身边，俊男靓女郎才女貌，两个人看上去那样般配。两个人都别着胸花，从西装革履的装扮上看，这是一场西式的订婚仪式。

这对新人站在画面正中，冯至、杨振声、常风和沈从文这些导师都是一袭深色长衫，分立在他们左右两侧。导师们亲切而温暖的目光目视前方，一脸长者的慈祥。杨振声的长衫左侧别着胸花，他应当是李瑛和冯秀娟订婚仪式的证婚人。

身后树影婆娑，微风习习，一派岁月静好的场景。

这一瞬间的定格，成就了他们一生相濡以沫的爱情的美好。

真正的岁月静好很快就到来了。

1948 年 12 月解放军完成了对北平城的包围。

城内，百姓的生活很平静，国民党政府上层官员却安静不下来，他们在为逃离这座城市，逃到南方做准备。

此时，一场没有硝烟的国共两党"人才争夺战"已经暗自打响了。蒋介石转移走了大量的财富之后，动员国统区的名流学者科技人才跟随他到台湾去。沈从文的旧友、时任中华民国代理教育部长的陈雪屏悄悄潜入北平，造访沈从文，并送来机票，规劝他马上带着一家老小南下。

潜伏在北大校园里的李瑛接到上级指示，派他和刚刚加入地下党的大一学生乐黛云一起执行一项任务，去看望沈从文先生，劝他不要去台湾，最好留下来。

寒冷的日子，中老胡同的冰雪堆积在旮旮旯旯，北风吹来，穿着厚厚的棉袍依然是冷。裹着寒风，李瑛和乐黛云一起，来到沈从文的家。

在那个熟悉的客厅中，李瑛和乐黛云坐在沈从文先生对面，沈从文的夫人张兆和为他们端上一杯清茶，然后知性优雅地退出去。话题绕来绕去，便绕到劝说沈从文留下来迎接解放，为新中国的文化教育出力。沈从文平静地倾听学生的劝说，并回以微笑。这是沈先生一贯的风格，他不轻易表态，并不代表自己没有态度，两位学生的话他听进去了，李瑛是他的得意门生，刚入学不久的乐黛云是他亲自录取到中文系的，因为这个女孩子入学考试的那篇作文写得好，沈先生很喜欢，便把她从英文系录进了中文系。这两个学子的肺腑之言，他都听进去了，他们虽然代表的是共产党的态度，但也是学生对老师的真心挽留。

那个时候，李瑛写下一首名为《让我领你走上这条路》的诗：

> （朋友！你脱下笨重的长衫，／让我领你走上这条路……）容许我轻轻地礼赞这条路，／容许我固执地说我的爱憎。／路！让我拥抱你吧，在朋友面前，／我要以独轮车，老旱船，驴子的蹄，／我要以野花的蔓，庄禾的叶片，草木的须根，／我要以一切拥抱你，／夏天有早晨的露水，／冬天有雪花。／……／快一点走，赶上几步来，／太阳已经对准那些先知者，／和经典里的预言升起了。／（唉！朋友！原来你还没肯换下长衫呢！）

沈从文虽然不曾换下长衫，终究是留下来了。

几天后，国民政府派来的飞机就停在东单广场上，要接走人的名单中有沈从文，但他和许多北大教授一起留下来了。

沈从文的儿子沈虎雏在他的《团聚》中也曾回忆：

> 南京飞来的要员，以前西南联大爸爸的一个上司来过家里，让他赶快收拾南下，说允许带家眷，很快就要上飞机。现在飞机只能用城里的临时机场，住处附近已常有炮弹落下，一次总是两发，皇城根一带落过，银闸胡同也落了，筒子河上还炸死过几个溜冰的人。传说北池子北口防痨协会做

了弹药库，炮是朝那儿打的。小孩子们都不知道怕，议论着八路为什么老打不中？

爸爸的各种朋友不断进出，大人们一定在商议那件重要事情，家里乱糟糟的。

我暗自高兴，期待着坐一回飞机，又很想把这一仗看到底。北平这么好！我家有什么必要逃出去呢？这样矛盾着胡思乱想，没容我想两天，事情已决定，我们不走。爸爸的一些老朋友，杨振声、朱光潜伯伯们也都不走。家里恢复了以往秩序，没客人时爸爸继续伏案工作。大家等待着必然要来到的某一天。

李瑛在校园内急迫地等待着，期盼着黎明的到来。

学校地下党组织日渐活跃，同学们都在悄悄传说着，和平解放的日子不远了。

那段时间，军警特务们自顾不暇，没人盯着他们了，那天，李瑛和一些同学正在练习打腰鼓，走过来两个穿美军大衣的人，同学们停下来愕然地看着这两个人，不知是敌是友。那两个人迎着同学们的目光脱下军大衣，加入到他们跳舞的行列，他们美军大衣里面穿得居然是解放军军装。

大家惊喜地围住这两个穿军装的人，说不出是兴奋激动，还是见到亲人的温暖，后来才知道，这两名解放军都是新华社军事记者，个子高的那位是刘白羽，另一个是华山。

之后，北大地下党组织请来了著名革命诗人光未然来讲课。

光未然的《五月的鲜花》《黄河大合唱》都是李瑛最喜欢的，他的诗歌雄健磅礴，深沉浑厚，那天，同学们朗诵的是光未然的长诗《民主在欧洲旅行》，这是一首让敌人胆战心惊的讽刺诗，大家富有感情地朗诵着。光未然和同学们谈了很多，陪同一起来采访的就有新华社总社军事记者刘白羽。

李瑛知道了刘白羽这个名字，但是他们彼此没有更多的交流。

1949年1月31日，傅作义终于决心顺应人民的意旨，古老的北平城宣告和平解放，中国人民解放军进城。

2月3日，中国人民解放军举行了盛大入城仪式。李瑛和同学们一起，走上街头迎接解放军。

整洁的军容，缝补整齐的军装，大炮、坦克、装甲车、汽车一尘不染……

这支队伍精神抖擞，充满活力。

街上到处是歌声，学生们唱着歌，女孩子们和着歌声踩着舞步，热烈的氛围感染着每一个人。有几个胆大的女同学挤到最前面，拿着水杯给战士们递上一杯热水。

解放军的队伍井然有序地向前行进着，这是李瑛第一次看到自己的队伍，虽然依然是严冬季节，他感觉自己的脸上洋溢着春风，看到这支队伍，便感觉特别亲特别近特别幸福，因为他也是这支革命队伍中的一员。

崭新的日子开始了。

李瑛这个地下党员也可以公开自己的身份了。

学校的党员大会上，同学们惊讶地发现，哦，原来他是党员，他也是党员，自己身边许多同学挚友都是组织上的人，过去各个系统单线联系，彼此都不知真正的身份。那一日，党员学生们的兴奋和喜悦之情溢于言表，会议结束了，他们还意犹未尽，令人窒息的时代结束了，他们终于可以在阳光下扬眉吐气畅所欲言了。

学校每天都有新变化，每天都有好消息。

李瑛面临大学毕业，本来这个时候大四学生要潜心书斋撰写毕业论文，但是，今年学校不要求大四学生写毕业论文了，那段时间大家都集中到一起学党的各项政策，学完之后，便分配工作。

组织上对李瑛说，你是地下党员，过去已经学过那些文件了，这次就不用集中学了，可以直接分配工作，现在征求你的意见，是参加军管会，还是参军南下，将革命进行到底。

李瑛想都没有想，就回答：我愿意南下打仗。

于是他报了名，他准备投笔从戎穿上军装，南下打仗去。

随后，他的爱人冯秀娟也报了名，她要与他一同南下。

新军装发下来，军装、军帽、军皮带，还有裹腿。

李瑛第一次试穿，把军装穿好，腰间系上皮带，腿上打好绑腿，绑腿一时还打不太好，有些松，以后才慢慢学会。

穿上军装，便是军人了。

李瑛走到镜子前，镜子里那个穿着草绿色军装的帅气儒雅的男生有些陌生，那股子踌躇满志的英武之气，是过去不曾有过的。抚摸着胸前写着"中国人民解放军"几个字的那枚胸章，他感觉到有一种自豪感油然而生。

李瑛从此与军装结下了不解之缘，或许，他天生与军装有缘，此生，他将穿着戎装英姿勃发走过半生戎马生涯，用纸笔用文字冲锋陷阵，抒写家国情怀。

第四野战军组织的大学生南下工作团成立了，他们集中到一起学习培训，培训了一个来月，团里准备挑选北京和天津三十多名男女大学生组成新闻队进行采访报道，李瑛被选进了新闻队，并被任命为队长。

大学生南下新闻队由新华社派驻四野的特派记者刘白羽带领，这是陶铸给刘白羽的任务。

因为前不久刚刚见到过来北大采访的刘白羽，李瑛一见到他，感觉很亲切。

刘白羽对这个换上军装的北大学生很满意，他对李瑛点点头：回去好好准备一下，我们马上就要出发了。

第三章

炮火硝烟里绽放的青春

激情燃烧的南下岁月

在那个散发着强烈生命气息的春天，温暖的春风里，李瑛和他的战友们在欣喜和激动中，匆忙踏上南下的新征程。

李瑛所在的队伍是四野南下工作团一分团一大队，同在这个大队的还有作家汪曾祺、梁思成林徽因之女梁再冰、翻译家金隄等。

南下工作团是一支庞大的队伍，平津地区南下工作团成员以青年学生为主体，经过分期分批考试，总共有近万名热血知识青年走上南下之路。李瑛他们这支队伍属于提前南下的先遣队，是最早出发的，之后，陆陆续续，又有许多队伍踏着他们的足迹奔赴南方。

欢送他们的是响彻云霄的歌声口号声，天空响起滚滚春雷，与那些响亮的声音合在一起，成为这个春日最美的和声。有些女同学还组成了秧歌队，为他们表演新学会的秧歌舞，她们腰上系了红绸带，边舞边跳，乡间喜庆的大秧歌被这些女孩子扭出欢快新生的节奏。

昨日还是身穿旗袍长裙西装长衫的文小姐儒雅少年，今天便穿上绿军装，加入到中国人民解放军南下工作团的队伍中。

"下江南，下江南。取京沪，夺武汉，打到两广和福建，解放那同胞两万万……"

他们唱着嘹亮的歌曲，来到货运车站，乘上一列临时编号的军车，意气风发走上征途。

据说，当时傅作义对这些青年学生非常不理解，曾感慨说："解放前我用美援的白面、奶粉供养北平的大学生，但他们还要反饥饿。我用中校军衔政治教官的优厚待遇招聘他们，也没人肯来应征。可是共产党来了，给他们吃高粱小米，大学生们不但不反饥饿，反而大批脱掉西装，打起绑腿，跑到你们部队甘当普通战士。这究竟为什么？我真想不通。"

别说傅作义想不通，许多学生的家长也想不通，不知道这些孩子们怎么想的。

这些穿上戎装的青年学生，想法其实很简单，革命都快成功了，他们的希望和理想就要实现了，这么重要的历史时刻他们不能缺席，他们南下就是要将革命进行到底。

这个军列不是很大，两三节客车供队员们使用，几节铁篷车拉的是辎重和给养，还有两辆平板车，上面拉着部队配给刘白羽的一辆小吉普，为的是方便他到部队采访用。小吉普用铁缆牢牢拴着，刘白羽时常坐在小吉普的座位上。其实那个座位并不舒服，列车奔驰向前，吹得车棚的帆布呼呼作响，穿着军大衣依然很冷。刘白羽有时就到李瑛他们车厢去走一走，抓住这点儿时间，为他们培训些新闻知识，比如怎样做好采访，采访要问仔细，不要客里空。新闻战报怎样写，通讯怎样写，写通讯必须有文采，有感情。

这些学生兵虽然写文章没问题，李瑛甚至已经是小有名气的青年诗人，但是，搞通讯报道毕竟和写小说散文诗歌不一样，和写毕业论文也不一样。如何进行采访，如何撰写新闻稿，这些基础知识都是一边行军，一边讲解的。

火车走走停停，该吃饭了，火车停了下来。

为了防止敌机轰炸，伙房要选个安全的地方埋锅造饭，车上所有南下团战士也都按照命令下车，进行紧急疏散军事演习。

在春风荡漾的北方大地上，军列一路向南，车窗外，随时能看到步行的南下大军和支前民工正浩荡列队南下，一支支队伍充满朝气，他们唱着军歌，喊着口号，那份昂扬斗志和英雄气概，令人精神振奋血脉偾张。

李瑛记得刘白羽被车窗外生机勃勃的景象感染，激动地对他说：你看，这充满力量的热气腾腾的生活，你在学校能看到吗？

李瑛还记得，列车到山东德州后暂时停下来，他随刘白羽到萧条的德州城内转了转，在一家小书店，居然看到华东解放区出版的刘白羽的作品《无敌三勇士》，刘白羽惊喜地把那本小册子拿到手中，掏钱买了下来。

一路充满新奇，一路充满惊险。

列车把他们送到河南的漯河，再往前，铁路就不通了，国民党将铁路给炸了，便只能乘坐卡车和步行。

行军，行军，一切都和在学校时完全不一样了。

对于李瑛和他的同学们来说，一切都是新鲜的，一切都是神圣的，紧张的行军生活很苦很累，他们年轻，他们不怕苦，也不怕累，他们下定决心在这个革命的大熔炉里把自己锻造成一块好钢。

沿途经过的解放区，经常会遇到举着彩旗和花束欢迎他们的百姓。

解放全中国的口号声感动着南下的队伍，也感动着呼喊口号的人，他们都眼含热泪，只为了一个共同的革命目标。

行军的日子确实很苦，比做穷学生的日子还苦。

当时实行战时共产主义供给制，会定期发一些简单的生活必需品和一点儿零用钱，住的是在地面上直接铺成的大通铺，吃的是小米饭和高粱米饭。菜品很单调，四野不知从东北带来了多少干菜，战士们每天都吃着各种干菜，偶然能吃上一点儿新鲜蔬菜，便像过年似的。

李瑛小时候在家乡受过苦，他比那些从小养尊处优的同学能吃苦，很快便习惯了这样的生活。

在河南，听到一个好消息，武汉解放了。

马上出发，奔赴武汉。

这支队伍从河南直指湖北，一路乘车南下进入还在燃烧的武汉。

5 月的武汉街头还比较混乱，铁路、码头和船舶破坏严重，平汉线铁路上十余座桥梁被炸断，码头的趸船很多被炸沉，交通完全瘫痪，城乡关系断绝，商店大都开着店门，但是无生意可做，米店也都开着门，门店里的粮仓空荡荡的，老板说无米可卖。

在这座百废待兴的城市，尽管有很多亟待解决的困难，但是军民空前团结的氛围已经凸显，城里的百姓都有高昂的热情，他们都行动起来，要为刚解放的城市出力。

部队到达汉口，暂时停下来进行休整。

经过了这段时间的急行军和炮火洗礼，乍一停下来，李瑛还有些不适应。

从临时驻地走出来，路上秩序井然，走走看看便踱到长江边，眼前是奔流向前的滚滚江水，诗人的诗情澎湃起来，过去读过的历代文人吟咏长江的那些句子也不由自主忆起来。此时，虽然刚进入 5 月中旬，这里的雨却下得很勤，江水汤汤，川流不息。近处是一座码头，有一些工人泡在水中正抢修船只。

据说，他们的队伍在等待着这些正在抢修的木帆船，听说，船修好后，便有新的任务了。

新任务是什么？

是不是要横渡长江，继续战斗？

李瑛的新任务很快就下来了，不是去枪林弹雨中做宣传报道，而是带领十七八条大木帆船，沿汉水到襄樊紧急采购粮食。

进入 6 月份，军粮告急，当地连年受国民党横征暴敛，又逢水灾歉收，民间存粮不多，筹粮是大事，亦是难事。6 月 12 日，林彪、邓子恢、萧克就粮食问题致电中央军委："粮食问题现成为影响行动的根本问题。我 40 军在鄂南的部队，43 军在南浔线以西的部队，均连续来电叫苦不迭，条件较好的部队一天吃一顿干饭、一顿稀饭，条件差的部队一天只有一顿干饭。"

粮食问题也成为困扰武汉的大问题，一边是武汉军民严重缺粮，一边是一些无良商人囤积大量粮食，等价高了再出售。

参加粮食采购队，做粮食采购队队长，乍一接到这个任务，李瑛一时还不知该从何下手。

参军入伍这几个月，李瑛不断适应着各种新的角色。

从穿长衫的大学生，到身着军装走进炮火硝烟的战士；从诗人到随军记者；现在又有了一个新角色，粮食采购员。他必须马上适应，立即投入到新的工作任务中去。

与李瑛一起分配去粮食采购队的，还有南下工作团一同出发的孙景瑞，他参军前是清华大学的学生，参加南下工作团后，与李瑛一起被分到新华社第四野战军总分社当记者。这次在湖北购粮剿匪的惊心动魄的经历为孙景瑞提供了素材，后来，他完成了长篇小说《粮食采购队》，这部小说曾被改编成电影《难忘的战斗》，成为解放战争时期剿匪题材的经典作品。

采购队出发的时候，湖北已是炎热的夏季。

十七八条大木帆船，都是造船厂的船工们新修理好的，停在码头上待命。

采购队来到码头，这里甚是热闹，"油条面窝、欢喜坨麻花。"各种叫卖声、搬运工人装卸货物的号子声和着洋船鸣笛声混合在一起，搬运货物的挑夫们正在忙碌着……这些生活的嘈杂让这座刚刚解放的城市显得很温暖。李瑛和他的采购队在码头乘上木帆船，沿着汉水，向襄樊进发。

美丽的汉江碧波荡漾，风吹过，远处是一圈圈的涟漪，江中湖水清清，两岸芦苇茫茫。这样的美景，曾是李瑛梦中向往的，也是可以写入诗中的画意，但是此时此刻，他无心写诗，任务在身，他顾不上自己的诗情了，算起来，他已经好几个月没有写诗了。

航行在江中，景色很美，天气却很热。

来自南下工作团的粮食采购队员大都是北方人，过去，总觉得北方的夏日炎热，坐在船上他们才发现，烈日炎炎这个词用在南方才真的合适。早上便热，午间尤其是热，到了午后时光，依然还是热。仅仅是热也便罢了，分秒天公变了脸，大雨滂沱，雨后便更加热了。

白天热，且潮。晚间除了潮热，还多了一个项目，蚊虫叮咬，南方水乡的蚊子又大又黑，咬得人根本睡不着。

其实，即使没有蚊虫咬，李瑛他们也睡不着。时间紧任务重是一方面，还有更恐怖更惊心动魄的事情经常发生。

夜深人静的时候，汉江也是安静的，突然"砰砰"不知从哪里打来几声冷枪，船舱中的战士们立即警觉起来。在荒僻的江岸，他们遇到了几次打黑枪的，几声冷枪打破江心夜的沉寂。

早就听说沿途经常有土匪出没，不知道这几声枪响是什么人在搞破坏，还有国民党特务的潜伏，他们面临的斗争环境很复杂。

大家刚酝酿出的一点儿睡意顿时全无。

这支粮食采购队全部的武器只有两支手枪，负责放哨的战士握紧手中的枪敏锐地观望四周，暗藏的敌人在哪儿？敌人是想恐吓解放军的购粮队，还是想用几声冷枪把这支队伍吓跑。李瑛和他的战友们早就下定了决心，不完成购粮任务决不收兵，他们已经做好了牺牲准备。

去江边的村庄收粮，他们想到了会有难度，没想到会那样艰难。

当他们走进某个村子，人生地不熟也便罢了，难的是沟通起来也困难。这些北方学生兵都不会说南方话，村子里的老百姓又大都只会说本地方言，彼此连语言都不通。好在他们的那身军装以及军帽上的红五星，让老百姓知道这支队伍是前几天解放了武汉的解放军，是老百姓自己的队伍。

当一些百姓准备把家中的存粮拿出来的时候，村里的保甲长会适时登场。

这些保甲长算不上什么官，却是民国时期官民联系的"桥梁""纽带"，用以民治民的办法清查户口、征粮纳税、催粮派差、抓派壮丁，这些人一般都是村里的"人物"，不是地主、土豪，就是顽劣士绅，百姓若是招惹得罪了他们，便没有好日子过了。

保甲长们对共产党怀有敌意，在国民党残余势力的暗中唆使下，他们尽自己所能阻止百姓向解放军卖粮。保甲长公开站出来阻止，老百姓自然是疑虑重重。

于是，李瑛和他的战友们在地方党委配合下，整天苦口婆心做工作，他们放慢语速，耐心解释现在江南江北都解放了，解放军还要继续南下，解放全中国，穷苦老百姓马上就要当家做主人了。大军现在急需粮食，需要老百姓做后盾。

一些通情达理的老百姓悄悄把粮食卖给粮食采购队，虽然敌人百般阻挠叫嚣着"不让一粒粮食进城"，征粮工作进展还是很快，船舱里已经装满了粮食。

入夜，粮食采购队守着粮船，越来越谨慎。

敌人在暗处，他们在明处，防不胜防，他们必须防范敌人半夜摸上来偷袭。为了以防万一，李瑛想出一个办法，他们不固定在一条船上睡，每天晚上换船睡，让敌人摸不清战士们究竟在哪条船上。

白天劳碌一整天，战士们累了，许多人渐入梦境。李瑛坐在甲板上，江面上起风了，一轮明月升起来，皓月当空，静影沉璧，这样静好的夜晚该是属于恋人的，此时，却要时刻警惕土匪的偷袭。在粮食采购队，已经有战友遭到暗杀牺牲了，夜色中也藏着敌人的杀机，李瑛不怕牺牲，就怕在规定的时间内完不成任务。

粮食采购队争分夺秒地抢时间，与敌人抢时间，也与即将到来的雨季洪水爆发抢时间。

上游的洪水眼看就要下来了，他们抢在在洪水下来之前完成了任务。

7月，李瑛率领粮船返回武汉，距他离开时已经将近两个月。

李瑛回到武汉，听到的第一个消息便是，他所在的野战部队此前接到新的战斗任务，要南下解放江西，队伍已经出发了。

队伍刚开拔不久，如果快速急行军追赶，应当很快就能追上。

　　此时，李瑛的新婚妻子就在武汉，顾不上卿卿我我深情道别，李瑛和两个战友立即背上粮袋水壶快马加鞭，离开汉口，星夜兼程他们要去追赶大部队。

号声中行进的兵团

从武汉出发，沿着大部队的足迹，他们一路前行。

到达江西境内，一路走过的地方，都已经成为解放区。

一个淫雨霏霏的傍晚，他们走到刚刚解放不久的南昌郊区。

天色将晚，雨虽然不大，却一直在下，行走在这样的雨天，衣服早已湿透。

李瑛一行三人满身泥水，走进一个小村庄。

村子真的是很小，看上去也就是二三十户人家。村外大片的田地荒芜着，荒芜的土地上长满高高的杂草，在风雨中轻摇慢摆。走过这一带，他们已经见到过许多这样的田野，7 月正是早稻黄熟的季节，这里却看不到丰收的喜悦。由于连年的匪患，能走能逃的青壮年早已弃乡出逃，村子里只剩下走不动逃不了的孤寡老人。

村子很小，从村这头一眼就能看到村那头。进了村，贫穷的气息扑面而来，整个村庄几乎都是低矮的土屋，破旧不堪的房屋在风雨中有气无力地支撑着，好像随时都要支撑不住的感觉。还有那坍塌倾斜的残垣断壁，在雨水的冲刷下黄色的泥巴无声地流淌着，原本就泥泞的小街变得愈发满地污泥浊水，禾草和着牛粪的渣滓混在污泥中，令人无法落脚。

正是做晚饭的时间，整个村庄上空弥漫着苦涩的柴烟的味道，一股子烟熏味和着潮湿的霉味扑面而来，这种乡间味道于李瑛来说是陌生的，他在贫寒的北方乡村生活过，自己的故乡虽然也贫穷，但是似乎比这个地方干爽一些。

每一个小院都是一样的破旧，他们随手敲响了街边一间小屋的门。

门窸窸窣窣开了，站在门内的是一位花白头发有些凌乱的老妈妈，她疑惑地望着门外的几个年轻人，或许，她的这扇门已经很久很久没人敲过了。看到李瑛他们被雨水浇得湿漉漉的样子，老妈妈的目光中闪过一丝母性的怜爱。

李瑛他们告诉老妈妈，我们是红军，现在叫中国人民解放军，想在您这里借住一个晚上。

或许老人听懂了他们的话，或许她根本没有听懂，只是看到他们军帽上的红五星，认定这是自己的队伍上的人，就怯生生闪出一条缝，让他们进了屋。

外面的天还没有黑透，屋子里已经是漆黑一片，看不清里面的家具摆设。

李瑛问：老人家，你们家有几口人？

站在门口光亮中的老妈妈摇摇头，依然迟疑地打量着他们，嘴里喃喃自言自语："红军，红军。"

除了能听懂老妈妈说的这个"红军"，其他的李瑛他们都听不懂，但是，他们能感觉到老人对红军的敬重。她走进风雨中，不知从哪里抱来一抱干柴，在灶炉中点着了，让他们烘烤湿透的衣服，又从灶台后面拉来几捆稻草铺在地上，让他们坐在上面。

老妈妈做这一切的时候，动作那般娴熟流畅，一边做嘴里一边絮絮叨叨说着什么，他们一句都听不懂。当年红军时代，可能这位老人就是堡垒户，经常这样接待红军队伍。

李瑛他们坐下来，把湿湿的绑腿解开，让已经泡得发白的小腿放松一下，之后从挎包里取出一根针，就着灯盏挑脚上的血泡。老妈妈烧水让他们洗净糊满泥巴的脚。

躺在低矮的农家小屋，望着小窗外的雨夜，不远处的东方能看到有点点灯火闪烁，那里便是南昌。但是，李瑛他们的目的地不是那座大城市，他们要继续追赶队伍。

天亮了，雨停了，走出小屋，屋后翠竹青青，秀逸挺拔，老妈妈也起床了，在灶台前正要为他们做饭。李瑛他们哪能吃老百姓的饭呢，他们婉言拒绝了，并从自己的米袋里给她倒了一些粮食，在老妈妈恋恋不舍的目光中，离开这个不知名的小村庄。

往前走，穿过一片树林，穿过黄熟的稻田，他们似乎嗅到了部队的气息。

直觉告诉他们，他们的方向是正确的，前面是高高的山岗，当他们爬上那座山岗，隐隐听到从低矮的树丛里，传来集合的号声。

是的，是那熟悉的号声，朝着号声吹响的地方走，便找到队伍了。

李瑛的诗歌《号声》便写于那个时候，这是他 1949 年 7 月在赣西追赶上队伍之后写下的一首诗：

在高高的山岗上听到／从低矮的树丛隐蔽里／集合的号声吹
起了……／穿过树林、稻田——／一片绿浪滔天的大海，／号声
响亮地传来……／看不见吹号者的身体，／但号筒的金光与飘展
的红布，／却闪现、闪现、／闪现在远远的山岗上……／应和着
这号声／每一个驻营的村落都吹响了；／战士们从低矮的草房里
跑出来，／弯着胳膊，提着步枪，／为了消灭敌人，／"制高
点""隘口"、迂回包围，／他们观测地形，／演习山地战……／
这清晰的号声，／便是历史的命令，人民的命令；／这闪现的金
光，／便是光荣的号召……／亲爱的祖国，／我们把无限的热爱
献给你，／我们的号声从黑龙江畔／将吹到酷暑的南海／我们要
坚决粉碎黑暗的旧世界，／解放祖国的人民和土地……

李瑛利用行军宿营的间隙，在借住的茅草屋摇曳的灯盏下写
成这首诗。从诗歌中，能感受到战士的号声穿透力，在这昂扬的
军号声中，中国人民解放军勇往直前，一路向南解放全中国。写
完这首诗的三个月后，全国文协的直属机关刊物《人民文学》创
刊，《人民文学》1950 年第一期刊发了这首《号声》。

《号声》是李瑛从大学生诗人到军旅诗人的一个转折点，从
此，一个知识分子成为一个战士，爱国主义情愫流淌在他的血液
里，他的诗歌内容开始转向军旅生活的所见所闻。作为战士，钢
枪是他的武器，作为新华社四野总分社记者，通讯报道是他的武

器，作为军旅诗人，诗歌是他的另一个强大武器。

8月，他们一直在赣西作战。

闲下来，他们发扬解放军的优良传统，经常帮老百姓做些事情。在南方，李瑛学会了打稻子，踩水车，夜里点着火把到田里引水。李瑛的诗歌《他们时常帮老百姓做种种事情》就写于那个时候。

9月，部队转战赣南。

打到赣南，打回老区，这是一片充满红色记忆的土地，这是一片饱经革命烽火洗礼的土地。大革命时期，赣南开展了轰轰烈烈的工农革命运动，为中央苏区的开辟创建奠定了根基。大革命失败后，毛泽东、朱德、陈毅等率领红四军从井冈山出击赣南、闽西，揭开了创建中央苏区的序幕。赣南老区的人们以"十送红军"的深情和"八子参军"的慷慨，为中国革命做出过巨大贡献。

如今，当年的红军真的打回来了。李瑛写下了《打回老区》：

> 我们轰轰烈烈地，
>
> 打回老家来了，
>
> 我们并没有忘记艰苦的过去。
>
> 当我们回来的时候，
>
> 那里的人民，
>
> 以一杯杯远年的陈酒欢迎我们；
>
> 以掘出埋在地下二十多年的土枪欢迎我们；

以打起尘封了二十多年的红灯欢迎我们；

以被敌人杀死的孩子的血衣向我们控诉……

解放了赣南，他们继续前行……

兵团一直在行军，沾满尘土的补丁衣服被雨水汗水沤得泛着一圈圈的白碱，走烂的鞋子穿到再也挂不住脚，他们用自己刷刷的脚步声书写着中国革命史。为此，李瑛写下了《行进的兵团》。

为了方便行军作战，部队配备给他一匹白马，这匹马一直伴着他行军南下，李瑛舍不得骑它，通常时候，这匹马被用来驮粮食或伤员。因为长途跋山涉水，白马的背磨破了，李瑛不忍再让它驮东西，便把马背上的粮袋和盐袋卸下来，自己去背。

白马日日夜夜陪伴着李瑛，成了他的好伙伴好战友，战火硝烟中他们一起从江西到广州，一直打到海南岛的南海边。因为这匹爱马，李瑛写下了《战斗的伙伴》《炮连战士谈爱马》等关于马的诗歌：

马是我们的哑巴朋友，/它的生命同我们自己的一样重要，/因为我们懂得一门炮或一匹马的作用，/于是"爱马运动"便在连里展开了……

全国大陆解放后，部队配给的马匹便要交回。与白马恋恋不舍分别时，李瑛含着眼泪留下它的一只蹄铁作纪念，这块马蹄铁已经磨得又薄又弯，却是李瑛和他的战友们跨过千山万水奋勇作战的最好见证。

后来那块锈迹斑斑的马蹄铁端放在李瑛的书柜里，一直陪伴着他，《一只马蹄铁》的记忆烙印在他灵魂的深处：

　　一只马蹄铁

　　一只和我的青春结成

　　化不开的血肉的马蹄铁

　　静静地悬挂在书房的墙上

　　是我所有书中最深刻的一本

　　看见它，仍能见到当年

　　进出的火星

他时常夜半醒来，听到马的嘶声，眼前掠过那白马"飞扬的鬃毛拂动战场的落日/黎明蹚过小河的清脆的水响"……

江西解放了，队伍开赴广州。

10 月的粤北山区仍是暴雨连连。

从江西南部转战广东后，李瑛和他的战友们为了追击白崇禧的军队，冒着大雨，行进在粤北大山中。

那一日是 1949 年 10 月 1 日，四野兵团各部的目标是歼灭残匪，为了躲避敌机的轰炸，在向导的带领下，四野部队的战士们在深山老林崎岖蜿蜒的山路上艰难行进，谁都不知道，此时此刻，在几千里外的北京，新中国第一面鲜艳的五星红旗正在天安门城楼前的旗杆上冉冉升起，在天安门城楼上，毛泽东主席用他那浓重的湖南口音庄严地向全世界宣布：中华人民共和国中央人民政府今天成立了！

一两天后，部队领导宣布了新中国国庆大典的喜讯，李瑛和他的战友们精神振奋，行军中，他们谈论的话题都是天安门升起的五星红旗是什么样子？我们要建立一个什么样的国家？我们民族的命运将如何？

忘记了行军的劳顿，忘记了身边便是万丈悬崖，心中只剩下兴奋，他们每天行程都在 130 里以上。重要桥梁上有敌人安放的炸药，还没来得及炸桥李瑛他们的部队便赶到了，敌军面对这样顽强的追兵仓皇逃散。

10 月中旬，部队进抵广州。

李瑛的女儿，著名诗人李小雨在《用诗诠释自己的一生——记我的父亲李瑛》中记载道：

> 部队南下解放江西、广东、广西，翻越五岭……天下大雨，水顺着脖子往下流，山陡路滑，满脚是泡。经过昼夜急行军，部队终于打进广州。然而，广州留给他们的却是国民党逃跑时炸毁的珠江大桥，江面上漂着尸体，树枝和电线上挂满了血肉模糊的布片。残酷的战争使父亲读懂了书本之外的更多的知识，那就是正义与邪恶，祖国和民族。

这时，他已成为新华社四野总分社记者。在广州解放中，看到被敌军炸毁的珠江大桥，李瑛立即写了通讯《鲜血染红了珠江》，由新华社播发，广获好评，受到总社表扬。

在此前后，他还采写了一些新闻稿和战地通讯。在战斗的行程中，他也创作一系列短诗，如《号声》《行进的兵团》《他们时常帮老百姓做种种事情》《打下它一架飞机》《我们的战士受伤了》《在前线师指挥所里》《一个战地医院的夜晚》《粮食》等，后来，这些诗都收入了 1951 年由上海杂志社出版的《野战诗集》中。

李瑛的那些诗，大多带有叙事的特点，往往从生活中提炼有特征的人物、事件和情景，通过客观的叙述和描绘，来表达生活的意趣和诗人美好的情思。

那首《一个战地医院的夜晚》，为我们讲述了一个发生在粤北战地医院惊险动人的故事：10 月的一个夜晚，安静的战地医院上空，敌机的轰鸣声骤然撕碎秋夜的静谧，一串串炸弹投下来，炸弹的火光映红了手术室的白屏幕，映红了半边天，也映出一个年轻女军医的勇敢身影。她在轰炸中冲进病房，那里有二十多个伤员。她在昏黄的油灯旁遮盖上一条毛巾，挡住光亮，防止敌机发现目标。又有新的伤员了，女军医又开始了她的工作：

雪白的棉花、纱布箱、/硫磺剂和酒精混合着硝烟的气息，/沸腾的水罐中煮着蓝色的针管，/就在这被撕碎的夜里，/在机声尖锐的啸叫中，/在那盏油灯底下，/她又跑进来，/抬着一个被炸伤的同志，/她开始进行开刀手术，/给他输氧气和鲜血，/当机声沉落下去，在白幕旁边，/我听见她笑着说：／"接受吧，这是我的血液！"

一位英姿飒爽的战地医院女医生的形象跃然纸上，她是硝烟中的白衣天使，是一朵永不凋谢的战地玫瑰。今夜，这所战地医院便是真正的战场，她没想过个人的安危，没想过自己是否能见到明日朝阳，她忘记了自己的存在，心中只有她的伤病员。

这不过是战场上无数女军医中的一个，她们是女英雄，也是普通战士。

那天，李瑛恰好到野战医院采访，他见证了那震撼人心的一幕，记录下了那个女军医的美丽身影。

硝烟中的《野战诗集》

那一年，李瑛作为一名战士，接受了炮火和硝烟的洗礼。

作为战士，他冒着炮火行军打仗，作为新华社军事记者，亲眼看到在前线指挥所昏沉的烛光里，司令员闭着厚厚的嘴唇，用铅笔在地图上画着红线谋划作战方案。

那段时间，广州境内捷报频传：

那天，他们用高射机枪打下一架敌人的飞机，敌人的飞机拖着长长的黑烟在长空倾斜地翻着筋斗……

那天，他们扛枪列队井然有序地走进广州城，在马路两边群众欢呼声中走过中山路，沿着永汉路，向珠江边行进……

广州解放了，他们还肩负着追击溃逃出广州的国民党军政残部的重任，于是，在广州稍作休整，李瑛和他的战友们挺进广西。

那个秋天，在李瑛的记忆里雨水来得格外勤。

在陌生的南方，那年的雨，让这个北方长大的孩子终于懂得了"苦雨"的概念。来到南方的几个月，下雨的日子远比晴日多，而且都是那种连绵不断的雨水。

李瑛乘坐军用卡车沿湘桂公路日夜兼程奔赴广西，坐在露天车厢内，天上是永远不知道停歇的雨，有时候意犹未尽稀稀疏疏，有时候没有间隔细细密密，有时候扯天扯地电闪雷鸣。下雨，又是下雨，人浸泡在雨中，新发的棉衣吸足了水，湿湿沉沉的，轻轻一攥就能拧出水，许多水。

汽车行走在红土地上，这里的土地洋溢着一片红色底蕴，连车轮甩到身上的泥点，都是褚红色的，一身绿色新军装变成了迷彩服。

三四十辆军车隆隆开进广西境内，走到全州县东北部一个叫做黄沙河的小镇停下来。这个小镇地处湘桂走廊中部，是中原进入八桂腹地之咽喉，素有"八桂第一镇"和"广西北大门"之称，是历代兵家必争之要地。一条湘水穿镇而过，要向前走，必须在这个镇的码头上把汽车一辆一辆拖上木船渡过湘水。

已是傍晚时分，部队暂时停下来歇息一夜，李瑛随着战士们下了车，想找一间房子休息一下擦擦身上的泥水。

走进小镇，一片萧条。

解放军到来之前，白匪刚对这个地方进行了一次洗劫，许多居民都逃散了，有的房子已经被抢净烧光，到处是残垣断壁，不见了人的踪迹。李瑛他们站在雨中茫然观望着，意外地发现后街路北一家竹棚子下，一扇污脏得发亮的门板缓缓开启了，一个缠着头巾的老婆婆的身影从门板后闪出，正善意地招手让他们过去。

随着老婆婆走进黢黑的房间，她点起一支松烛插在竹制的灯架上，在松烛如豆的亮光中，他们看清楚这是一个清贫的人家，屋子的墙角处有一个火堆，婆婆让他们到那边去烤一烤湿透的衣服。

老婆婆穿着满身是碎布片的衣衫，干瘦却精神矍铄，她很健谈，告诉李瑛他们，她姓萧，今年七十多岁了，靠熬制松香制作松烛维持生计。白匪把全镇子的人都赶跑了，她的小店已经两个多月没有生意了。老伴儿被白崇禧的部队逼死了，她生过九个孩子，现在只剩下一个五十多岁的儿子和一个孙子，儿媳妇死得早，如今一家三口相依为命。

镇子里有钱人听信白匪蛊惑吓跑了，没钱的被逼跑了，老婆婆一家没有跑，她听说过解放军是穷人的队伍，解放军来了，以后就有好日子过了，现在儿子正在帮助解放军搬炮弹过河。

墙上放着一个蒙尘的牌位，这是老婆婆死去老伴儿的灵位，她对着牌位含着眼泪絮絮叨叨说："这回可来人给你报仇了！"

老婆婆从屋顶垂下的篮子里抓了花生，热情地放到解放军面前，让他们在火上烤了吃。松烛燃完一根，老婆婆便又续上一根，一根接一根的松烛照亮了那个寒冷的夜晚，夜风呼啸，地面潮湿，即使有火依然还是很冷，老婆婆为战士们铺上木板垫上稻草，又抱来自己仅有的一床破棉被。

"这边有的是松烛，那边有木柴，都是自己家的……不要冻坏啊。"

李瑛和战友们在炭火旁睡着了，他半夜醒来，发现老婆婆正在外面举着斧头劈木柴，缠在她头上的头巾已经散落了，她的头顶只有几缕散乱的白发，雨依然在下，雨点打在她秃秃的头顶上，令人心生感动。

多么好的老百姓啊，他们对解放军箪食壶浆，因为他们心中认定这是拯救他们命运的解放者。他们盼望着尽快结束战争，能平平安安地过日子。

为了这些生活在水深火热之中的贫苦百姓，也要尽早渡江，消灭残匪。

李瑛把自己的感动写进了《进入广西的第一夜》，这是一篇极好的散文作品，与李瑛的诗歌作品一样，作品中有活灵活现的人物，苦难中人民的生生不息坚韧不拔的品性跃然纸上，它是一篇耐人寻味的艺术品，是感人的诗。

1949 年 12 月 11 日广西全境解放，第二天，解放军基本肃清了流窜于粤桂边境的成股逃敌，同时把五星红旗插到了祖国的最南端——镇南关，也就是今天的友谊关。

白崇禧手下的残部没想到，他们从桂林出发，带着家属坐上汽车，白天跑，黑夜跑，紧赶慢赶，赶到钦州，想从这里下海逃跑，却在遥远的海边做了俘虏。俘虏中一个烫着长发的官太太呜呜咽咽地说："白崇禧这个老混蛋，叫我们跑出这么远来当俘虏，早知道这样，不如在湖南当俘虏好，离家还近。这里老百姓说话也不懂，都恨我们，即使解放军优待，放了我们，半路还不叫老百姓杀了？天哪，怎么办呢？"

广西解放了，李瑛到桂中部队的采访任务圆满完成，回到汉口还没顾得上休整，又奉命回到广西，到柳州接管敌军出逃后丢下的军队印刷厂，将经过整顿和教育后的全厂人员和机器设备带回汉口，新中国的文化事业急需印刷设备和专业技术人员，这些设备在当时是比较先进的，专业技术人员经过教育改造后可以立即投入工作。

完成此项任务回到汉口，李瑛又接到新任务：到广东南海边采访准备渡海作战的解放海南岛部队。

南海边，为了准备渡海作战，战士们已经训练了很长时间了。

腥味的海风吹拂着脸庞，海螺哨子吹得呜呜响，出发前，战士们的决心书、请战书、挑战书压满宿营的灯台下。沙滩上，战士们刻苦训练，他们为海练的船只命名为"光荣船"。李瑛的诗歌《是这样一个夜晚》中写道：

是这样一个夜晚，/海水拼命地撞着石崖子，/在宿营的/小毛毛灯光下，/我们的连长用他被子弹/崩掉了三个指头的残疾的手，/开始缝着"光荣船"的旗子，/旗上贴着黄色的渡海船的补花，/这是我们连部的建议，/我们大家都想出的样子……

解放海南岛战役打响后，八千余解放军暗渡琼州海峡先期登岛，之后，渡海战役全面打响，摧枯拉朽、势如破竹的解放军渡海部队将海南岛北部防线突破，1950 年 5 月 1 日，海南岛全岛解放。

当我走在/祖国南方的海岸线上，/我听着/身旁海水正翻腾着白色的浪花，/正航行着轻快的舰艇，/我知道，在这儿，/在祖国的领海里，/同祖国的原野上一样，/一切都在蓬勃地/坚强地生长。/成群的成群的飞起来，/是大陆那边白色的鸽子，/是海洋这边白色的海鸟，/这时，看见它们，/我便仿佛看见：/所有爱和平的人民，/都高高举起了/风一样、森林一样的/为和平而斗争的旗帜……

这首《海岸线上》是海南岛解放之后，李瑛站在祖国南方的海岸线上抒发的诗情，它以精细、清丽的笔致，抒写波澜壮阔的艺术情怀，揉进了诗人个人浓烈的生命体验，因而，更具有军旅诗歌的特质。

这一类的诗歌还有同时期的《我们的旗》一诗：

呵，我们鲜红的旗，你抽动着

钢铁的意志，招展着

远行的鹰和暴风雨的到来，

繁星的出现。

是钉在空中我们的行为、思想，

是我们宣誓的印章，盖在蓝天的纸上；

我们望着你，像婴儿望着母亲，

像金黄的向日葵望着阳光。

…………

粤桂边追歼战结束，大陆全部解放了，李瑛从海南岛回到汉口。

此时，各野战军的新华总分社撤销，所有人员都调回总社，恰逢中南军区政治部组建文化部，李瑛被分到文化部文艺科做《战士文艺》的编辑工作。

在那里，遇上了调来做文化部长的陈荒煤。

一年前，李瑛作为新闻队的成员到新成立的军管会进行采访，曾经见到过陈荒煤，这次相见，陈荒煤记住了这个有着一双炯炯有神大眼睛的北方战士，知道他来自北京大学，诗写得好，文写得好，爱读书求上进。

回到汉口后，已是炎热的夏季。

汉口的夏季不知为什么总是这样的酷热，白天骄阳似火，热气蒸腾，到了傍晚，屋子里还是热浪滚滚，余热不散。李瑛只好到机关的院子里乘凉，那里有丝丝凉风，比室内惬意一些。

陈荒煤也走出办公室来到院子里乘凉，看到李瑛，便走过来和他聊起来。

陈荒煤问："你最近在读什么书?"

李瑛说："我在北大读书的时候，最喜欢学校图书馆，在那里可以看到任何想看的书，到了部队，最苦闷的事就是难以找到自己喜欢的书。有时到街上书店去，即使有想买的书，也没钱买。"

陈荒煤笑笑："年轻人就是要多读书，这很重要。"

谈着，便谈到李瑛在《人民文学》上发表的一些诗歌。

李瑛告诉陈荒煤那都是自己在南下进军的路上写成的，他在《忆荒煤》中回忆起那天的情景，那天，他对陈荒煤说：

> 我一年多的部队生活和在学校读书，可是完全不同的两个世界，部队作战，生活紧张，战斗艰苦，以及战友之间那种深厚的亲密感情，不经历是不会知道的。对生与死、荣与辱的认识，经过这一年多的锻炼，比起在学校的理解，也具体多了，深刻多了；特别是暴雨下的追击、战友的牺牲、胜利的喜悦等等许多难忘的经历，给了我生命很大的震撼，使我一辈子都忘不了。

陈荒煤鼓励李瑛深入生活，部队的生活很丰富，有很多可写的东西。

对这个有才气，有艺术感觉的青年人，陈荒煤很器重。那时，他正在编《人民艺术丛刊》，这是一套丛书，想到李瑛的诗歌可以作为其中一册出版，于是便告诉李瑛："你把参军后写的诗集中起来给我，去印一本集子吧，这些新鲜的小诗读者会喜欢的，还可以得点儿稿费解决你买书的经费。"

出版自己的诗集，这是李瑛梦寐以求的事情，没想到梦想就这样轻易实现了。兴奋，意外，惊喜，还有对自己有知遇之恩的这位首长的感激，总之，那天李瑛很快乐。他立即把这一年多在炮火硝烟中写就的那一首首诗歌整理出来，取名叫作《野战诗集》，交给了陈荒煤。

陈荒煤翻看了一下，满意地点点头："很好，这本诗集马上加入到《人民艺术丛刊》，很快由上海杂志出版社出版。"

《野战诗集》1951 年 8 月出版，这是新中国成立后李瑛出版的第一本单行本诗集。这本诗集的出版，鼓舞了李瑛的写作热情和对诗歌的不懈追求。

这本书出版的时候，李瑛已经调回北京工作。

刚成立不久的中国人民解放军总政治部文化部需要调一批年轻大学生到北京去工作，李瑛这个北大高才生被选上了，他从汉口到了总政治部文化部，部长是陈沂，李瑛任部长办公室秘书。

走上抗美援朝战场

秋冬交接的时节，李瑛从武汉回到北京。

一切都是熟悉的，一切又是那么新奇和陌生。

新中国诞生了，古都北平成为中华人民共和国首都北京，千年古都经历了命运的流转，新旧世界的交替，正热火朝天走向新生。

记忆中北京深秋的风抑郁而刺骨，这次回到北京，古城焕发着朝气蓬勃的新活力。受到这氛围的感染，李瑛心中洒满阳光，他一点儿都没有觉出北京的寒冷。

到总政治部文化部报了到，意外地遇见了刘白羽。

去年到了汉口，李瑛带着粮食采购队去采买粮食，完成任务后又迅速到江西追赶队伍，与刘白羽分别后，再也没有见到他，这次相见，很是惊喜。

刘白羽和苏联名作家西蒙诺夫合作刚拍摄完成纪录片《中国人民的胜利》，影片由刘白羽和西蒙诺夫共同撰写解说词，这是中华人民共和国文艺工作者与苏联的文艺工作者第一次实际合作，影片拍摄完成后，刘白羽刚分配到总政文化部任副部长。

见到李瑛，刘白羽也很高兴，在办公室寒暄一番，问了一些李瑛的工作情况，刘白羽说下了班要请他去北海仿膳，两个人好好唠一唠。

北海仿膳是京城著名食馆，清王朝垮掉之后，皇宫里的御厨流落到民间，在北海公园开了饭馆，仿照原来清宫的御膳，称作仿膳，专门为食客提供宫廷菜肴。李瑛在北大上学的时候，听说过，却没钱去吃。这次刘白羽请他吃了杏仁豆腐和豌豆糕。

临窗望去，北海公园的湖光山色尽收眼底，古风盎然，吃着正宗的京味小吃，聊着这一年多炮火硝烟中的军旅人生，刘白羽忍不住感叹："你看，烽火连天的岁月，生活多么丰富！"

是啊，烽火连天的岁月生活很丰富，这一切都成了历史，战争结束了，我们迎来了和平的日子。

李瑛以为，在这片温暖的土地上，从此将永远都是莺歌燕舞的和平阳光。

此时，在遥远的北方边境线上，抗美援朝战争即将爆发。

几天后，新组建的总政便有了新任务，要派一个工作组去朝鲜战场，了解志愿军出国作战中的政治工作，同时写一些新闻报道加强宣传。

工作组由总政文化部副部长刘白羽带队，李瑛随带队的刘白羽同行，并邀请了军外艺术家郑律成、欧阳山尊、凌子风等前往。

1951 年 1 月，李瑛跟随刘白羽离开北京，这一次是一路向北，直达中国最北方。

一年多之前南下时，刘白羽穿着一件美军大衣，这次北上，他依然穿着那件大衣。一路上，是寒冷的冰雪世界，过去只道北京的冬天寒冷，到了东北李瑛才知道，这冰封雪裹的北国才叫真的冷啊。他们乘坐着一辆罩了伪装网的吉普车，向着边境急速进发。随行的警卫员背着一支卡宾枪一支短枪，两支装了子弹的长枪短枪，板着面孔肃然地一路跟随着他们，加浓了战争的紧张气氛。越往北行，战争的氛围越浓，到了丹东，鸭绿江两岸的阵势，让李瑛仿佛又回到一年前战火纷飞的江南。

入夜，鸭绿江两岸一片漆黑，天上星光点点，映照在江面上，泛起隐隐的白光。星夜，他们的吉普车驶过鸭绿江铁桥，进入朝鲜的土地。

李瑛和刘白羽不由地回望了一下走过的那座桥。

刘白羽深情回望着河对岸黑漆漆的夜空，拍了一下李瑛轻声说："你看，我们的身后就是祖国！"

祖国这个概念虽然在诗文中经常提及，但是，当自己的双足离开祖国的土地，来到异国他乡，为了保卫祖国而再次走上战场的时候，祖国在一名战士心头的份量，便重如千斤。李瑛相信，每一个抗美援朝的战士，跨过鸭绿江的一瞬间，和自己的感触都是一样的。

行进在鸭绿江这边的土地上，虽然是茫茫黑夜，李瑛依然能嗅出战场的气息，汽车行驶的道路上布满弹坑，根本就不能称其为路，经过的地方隐约能看到到处是废墟，司机时不时要停下来寻找前面的路。趁着这点时间，刘白羽就打开手电筒在本子上记着什么，这便是真正的军事记者，这便是真正的作家，不放过任何一点儿灵感的火花，好记忆不如烂笔头，好记者、好作家，身边要永远带着铅笔和笔记本，人的记忆是有限的，用笔记下来，便真的记下了。

从刘白羽身上，李瑛总能学习到新东西。

抗美援朝是一场全然不同于国内战争的新的战争。

他们跨过了三千里江山，在汉江北岸，在朝鲜山麓，在长津湖畔，在纷飞的大雪和燃烧的火光下，在掩蔽部摇曳的烛光里，先后采访了志愿军司令部、各线部队、朝鲜人民军连队，沿途还走进了废墟中的阿妈妮家，在一个深夜进入汉城。

风雪、炮火，那惨烈的战斗场景给了李瑛心灵以极大的震撼。

他们冒着炮火做了很多采访，最危险的一次，是夜晚遇上了敌机轰炸。

在朝鲜战场上，有经验的老司机都知道，无论道路多么崎岖，夜间的路多么难走，都不能开车灯，一旦灯光被敌机发现，便会引来敌机轰炸。

那天深夜，李瑛他们的吉普车行进在山脚下的公路上，路况不熟，路面不平，汽车缓缓爬行着。或许因为没有发现周围有敌机活动，他们开了车灯，汽车昏黄的灯光被在远处巡逻的敌机发现。突然几架敌机从山那边飞过来，在头顶盘旋，朝着他们的汽车俯冲扫射，炸弹在汽车周围落下，侧面的车帮被打穿了，幸好没伤到人。

司机慌忙熄灭了车灯，炮火停息后，人和车都被黑暗包围，大家屏住呼吸，看到敌机呼啸着飞走了。

车停下来，大家跳下车，在夜色中互相观望着，还好，都全须全尾平平安安的。

刘白羽的声音有些激动："都没事吧？没事就好。这就是战争。"

第一次到朝鲜战场，他们在炮火硝烟中穿行三个月，采访到大量感人的素材。

在浓烟滚滚的坑道掩体里，李瑛点着煤油灯，用罐头盒上的纸写下了许多诗歌草稿。

回到祖国，回到北京，回到工作岗位上，在和平安宁的工作生活中，他的思绪总会回到遥远的冰天雪地的朝鲜战场，他开始静下心整理那些写在罐头盒纸上的诗歌，并陆续发表在报刊上。

1951 年，在李瑛的人生中，这一年很重要。

1 月，他冒着生命危险走进炮火连天的朝鲜战场。

8 月，建国后他的第一本诗集《野战诗集》出版。

10 月，女儿李小雨在武汉出生，可爱的小天使顺利来到这个美丽的人间。

新诗集的出版，意味着李瑛写作又重临了新的起点，女儿的诞生，意味着一个新生命开启了人生旅程。历史的车轮依旧滚滚向前，在兴奋欣喜之余，这所有的一切为李瑛的生活赋予了全新的意义。

1952 年春天，李瑛创作的有关彭德怀司令员的诗歌《在朝鲜战场上有这样一个人》在《人民文学》杂志发表。他"夜以继日地指挥千军万马，/专注地思考，闭着嘴唇""志愿军的英雄光耀人类/谁不知道我们的彭德怀将军！"

他写诗，记载了他强烈的生命感受。他曾在《李瑛诗选·自序》中说："我是怀着无论如何要把我们志愿军战士在国外作战的真实情况报告给关心他们的祖国亲人的心情写这些诗的。"

1952 年 7 月，新诗集《战场上的节日》由上海杂志出版社出版，这是继出版第一部诗集《野战诗集》之后的第二部诗集，这本诗集所收录的都是反映志愿军在朝作战的新诗。

他写我们的汽车兵在《运输线上》："前进，不能打灯的夜行/穿过敌机/无数张封锁的火网"；他写《追击途中》："在这风雪的夜晚/在隆隆滚动的炮声里"，志愿军的一个团长从烈火中救起一个朝鲜婴儿裹在大衣里，从而激励了志愿军战士战斗复仇的强烈愿望。他写《为了祖国》"战士们在掩蔽部里/谈论着/现在的战场、祖国、和平，谈论着/关于生、关于死。/把耳朵贴在大地上，/他们说：好像听见了祖国的声音！"

更令人兴奋与激动的是《战场上的节日》，五一节是全世界劳动人民的节日。在火线上，在战壕里，在金达莱旁边，我们战士欢度这伟大的节日，他们回想起去年前被检阅的盛况，他们遥想中南海那彻夜不眠的灯光。他们与领袖对话，向毛泽东发出铮铮誓言：我们将把一切都献给祖国，/我们的爱，情感，/我们的生命同忠贞的心。

这些诗歌，使诗人在自己的信念里，把战士和创作当成他最高的思想方式和行动方式。而他生命中的爱国主义延展为国际主义，却反过来更凝聚和深化了他的爱国情怀。灵魂的忠贞，让他的青春在风雪与战火中绽放出更加绚丽的光芒……

之后，在战争进行中和停战之后，他又曾两次入朝。

1952 年金秋时节，总政治部文化部长陈沂任副团长的第二届赴朝慰问团入朝慰问，李瑛作为部长办公室秘书，跟随陈沂部长再次进入朝鲜工作和采访。

慰问团抵达朝鲜后，举行公祭罗盛教烈士的仪式。

1952 年 1 月岁盛教在平安南道成川郡石田里为抢救朝鲜落水儿童牺牲，朝鲜政府为他修建了纪念碑和墓，并授予罗盛教一级战士荣誉勋章和一级国旗勋章，志愿军政治部授予罗盛教"中国人民志愿军爱民模范"称号。

10 月 17 日，慰问团总团到朝鲜平安北道成川郡石田里，与朝鲜群众一起祭奠罗盛教烈士。经过罗盛教牺牲的砾沼河，李瑛默默地望着清澈透明的河水，心中充满对英雄的敬意。河边很宁静，是一个普通小山村本应有的那种宁静，令人几乎遗忘了这是在战火纷飞的朝鲜。

那天的天气有些凉，但是祭奠场面很隆重，活动按照程序有条不紊地进行着，到了午后时分，大家正在学校里与志愿军官兵一起会餐，安静的天空突然传来飞机的轰鸣，刹那间机枪声、炸弹声从低空传来。

"有敌机空袭。"大家纷纷隐蔽，仪式被迫提前中止结束。

敌机扔下的炸弹就在他们不远的地方炸响了，轰炸中人们都重重地趴倒在地上，李瑛亲眼目睹身边的战友倒在血泊中，那种悲壮的情绪，没上过战场的人，是体会不到的。

在这战火纷飞的战场上，每次战役都有惊天地泣鬼神的故事发生。

此时，上甘岭战役刚刚打响。

在那个地势险峻的地方，志愿军战士们用热血和生命捍卫着阵地。

邱少云在隐蔽中烈火烧身仍压紧地面，"决不能动"的信念与纪律交并的生命传奇，感动着李瑛，他写下了《邱少云》，他的话好像对全世界宣告：

什么东西能够战胜我们？

为了人类，胜利就要来到！

…………

敌人打不到我们，

火也决不能把他烧掉。今天

他好像站在那儿，阳光已把他镀成了金黄

他说的话全世界的人都已经听到

…………

在朝鲜的两个月，他再一次在炮火和硝烟中零距离接触残酷的战争，他永远不会忘记，在《朝鲜战场的一个晚上》，废墟中燃着一个火堆，雪夜很冷，四个朝鲜女孩子偎依在火堆旁，怀里还抱着一个垂死的小女孩。他们暗暗发誓："我们回来，/一定要让它阳光满地，/回来，要它变成炊烟四起的村庄。"

他们来到一座破落的村庄，一位老妈妈为他们捧来一袋麦粒，讲述着志愿军耕种保护麦田的动人故事，于是，他写下了诗歌《一袋麦粒》。

《一个战斗结束的晚上》，朝鲜大娘打开草房的门让志愿军进屋歇息，看着战士们赤着的双脚，从木盒里取出一缕头发：她说："我女儿已经死在鬼子手里，/但她却把头发捎给她的母亲、她的故乡，/今天，我愿把它编成一双鞋子，/愿它穿在恩人们的脚上……"

这一次来到朝鲜战场，李瑛又创作了不少有关志愿军作战的诗作。

对于李瑛抗美援朝时期的诗歌，谢冕在《一个士兵的歌唱》中有这样的概括：

> ……1950年冬，诗人来到了冰天雪地的朝鲜战场。他看过废墟上的火光，看到死亡威胁着没有哭泣的朝鲜女孩，为正义而斗争的战士，为此度过一个又一个痛苦不安的夜晚。"记住这一片废墟！"诗人这么喊着。炮火中锻炼成长的诗人并没有失去信心。他通过一颗弹壳做成的花瓶，预言人民胜利的"春天"。自从李瑛成为一名士兵，他的抒情形象出现了：一个士兵的歌唱……为真理而斗争，为人类的进步事业而歌唱，李瑛诗中，始终活跃着这样的战士形象。

李瑛在《一部由血汗写成的诗——读〈志愿军诗一百首〉》一文中写下这样的"读后感":"《志愿军诗一百首》是一本交融着中朝人民战斗的血、建设的汗和深情的泪水的书,是一本充满硝烟的苦味和严峻的欢乐的书,一本洋溢着国际主义伟大情感的书,一本壮丽、美好的书。"

李瑛前后去了三次朝鲜战场工作和采访,一直到1953年,朝鲜战场停战才回来。他曾说,当年的很多战斗生活,在我的生命里沉积下来,给我的创作带来丰富的营养。

李瑛的诗与志愿军的诗,是同一脉动、同一调性的,他们的诗中都共同滚动着一股我们英雄时代最高尚、最纯洁的伟大感情!

第四章

草绿色情漫壮美山河

用战士的眼光观察世界

1953 年朝鲜停战了，李瑛随第三次赴朝慰问团入朝工作和采访回到北京，已经到了年底。

回到办公室，桌上放着一封来自北大校长办公室的信。

自从北京解放后，他跨出大学的门离开北大，参加了人民解放军，几乎与母校断了联系。

他拆开那封信，信中说，他当年的毕业证书和学位证书仍然存放在学校，那年春天他离校参军南下之后，校方就多方了解他的地址，寻了他四年，因军队流动，难以联系，便一直代为保存。最近从报刊上看到他发表的作品，了解到他的通信方式才写信联系他，让他抽时间带上两张二寸照片到校方领取已代他保存很久的毕业证书。并告诉他，北大已经由沙滩红楼迁到了燕京大学校址。

李瑛心中一种莫名的感动，感动的是母校那些素不相识的老师们认真负责的精神，在他看来"这一片真挚温暖的感情是多么珍贵？一个刚从铁血的战场上回来的人，面对如此的深情厚意，想到自己离开了母校，而母校却始终在追踪自己，怎能不感到无限的幸福？"

虽然走进那座校园不再是自己熟悉的沙滩红楼，但是，从安静的校园中拿到这张迟到的毕业证，李瑛依然觉得无比亲切。

四年前，他是匆匆行走在校园中一名身穿褪色长衫的大学生，如今，他已经是身经战火的革命战士。当年，他的诗歌是青年学生的视角，如今，他开始用战士的眼光观察世界。

1954 年，李瑛反映朝鲜战场生活的另一本诗集《天安门上的红灯》出版。

这两年，不断有新的诗集出版，随着一本又一本诗集的出版，李瑛俨然是军旅诗坛一颗冉冉升起的新星，革命部队真是一个大家庭，李瑛在不断成长着；革命军队是一个大的熔炉，李瑛便是这个熔炉里炼出的一个优秀军旅诗人。

到北京后，他有了更多机会外出采访，他的眼界越来越宽，他的思想也越来越深邃。

虽然经历了战火的洗礼，李瑛觉得自己在军队还是一个新兵，许多身经百战的老首长老战友身上，都有那么多值得自己学习的地方，

从总政文化部副部长刘白羽那里，他学到了很多。

从总政文化部另一位副部长李兆炳那里，他也学到了很多。

李兆炳是共和国少将，1932 年 5 月参加红军后，便被分配在红一军团第四军政治部工作，曾是红军优秀的宣传高手。当年，跟随红四军进驻赣南一带，并担任红一军团宣传干事，在这里，他一个人充当编辑和记者，征稿、写稿、改稿以及排版和印刷工作，创办红军自己的宣传报——《战士报》。

1955 年春天，李瑛随李兆炳参加了重走长征路的活动。

李兆炳在红一军团走过长征路，此次出行，于他，便是故地重游。

长征是人类历史上举世无双的壮举，是一次理想信念的伟大远征，重走长征路，寻访长征沿途那些不为人知的故事，踏着红军的足迹寻找红色记忆，是李瑛梦寐以求的事情。

他们先到井冈山，后从江西于都出发，经湖南、贵州、云南，抵达四川阿坝等地。

北方的暮春时节，李兆炳带领这支重走长征路的队伍来到了江西。

江西，也是李瑛熟悉的地方，几年前作为南下工作团成员，作为随军记者，他随着部队转战湘赣，曾经打回老区，走上这片充满红色记忆的红土地。

如今，又回到这个地方。

井冈山，英雄的山，这里是中国革命的摇篮。

到达井冈山的时候已是初夏，这里万木葱茏，翠竹青青，穿过茂密的竹林，沿着红军当年走过的路，他们寻找三十年前红色的足迹。山峰陡峭峡谷幽深处，走近井冈山哨口，遥望北面的黄洋界，那曾经的炮声隆隆被清脆的鸟叫声代替，如今到处是一片幽静风景。山崖边，抚摸着险峻的峭壁，寻找当年的工事，隐隐约约依然能找到峥嵘岁月火焰留下的痕迹。

我们的战士不忘革命的传统，让红色的血流在胸中奔涌。诗人来到《井冈山哨口》，忆起星火燎原，向五大哨口发问：

哎！难道不是你这严峻的，/严峻的但又慷慨的山，/难道不是你守卫了我的民族，/用你全部的生命、情感、炸弹和子弹！//整个世界的眼睛都看着你，/呵！中国腹地怒耸的群山！/你，五座哨口——五堆篝火，/在中国的黑夜里熊熊高燃。//……对我讲吧，讲吧，/贴在断崖的月亮、闪光的飞泉。//对我讲红军战士怎样守卫哨口，/山里老妈妈怎样送汤、送饭；/毛主席怎样从山顶望穿世界，/为了我们的今天、我们的明天……

清晨，在湿蒙蒙的雾气中，他们来到大井村的一堵断墙边。这堵断墙是当年毛泽东居住的那幢房子的墙壁。

井冈山失守后，国民党反动派在大井村烧杀抢掠，一把大火几乎烧毁大井村的全部房子，毛泽东居住过的房屋也被烧毁倒塌，只剩一堵残墙还顽强地挺立着。五十年代初，井冈山还原汁原味保留着红军时代的一切旧址，那堵断墙还愤怒而孤独地挺立在风中，任凭风吹雨打。现在我们能看到的那所故居，是在李瑛他们来这里几年后，在这个遗迹上按照原貌修复建造的，李瑛见到的那堵断墙被镶嵌在新墙中，累累弹痕成为最好的历史见证。

轻轻抚摸着那堵断墙，抚摸着墙面上深深的弹孔，怀想着领袖当年在那样艰苦危险的环境中，为了一个光辉灿烂的新世界，浴血奋战不怕牺牲的情景，李瑛的内心便无法平静下来。

于是，便有了那首唯美而充满深情的《一堵断墙》：

早晨的雾像无声的雨，/山鹰扑打着露珠飞起，/我来了，为大井这堵墙，/带来我的第一首诗。//我站在这儿仔细倾听，/我寻找着颓圮的房基，/我想到毛主席曾在这儿住过，/便好像回到故乡的怀抱。//……尽管敌人七次纵火烧它，/现在只留下这半堵墙壁，/但它却庄严地注视着未来，/永远讲说一个平凡的真理。//我在这儿看见群山和海了，/看见到处举起的红色旗子，/看见花朵、大树、流水和炊烟，/一起长在阳光里……

用战士的眼光观察社会、审视自然，这首诗歌以及他在井冈山创作的一系列诗歌《黎明》《传说》《伐木者》《山路上》等，都与当时的诗歌创作主流一样，叙事性是主导的元素，但是，能把浓烈的感情无痕地渗透在叙事里，把抒情与叙事结合的这样完美，是李瑛诗歌的独特之处。

李瑛创作于重走长征路的诗歌《过乌江》《红军墓》《早晨》《南方的山》等，都是军旅诗歌的经典之作，那些诗作刚柔相济，激情中掺着艺术的柔婉，浑厚深沉却不板滞沉重。那首创作于昆明的《早晨》，写得那么清新：

　　我们的边疆黎明在升起，/看，多么美丽，多么宁静，多么赤裸；/青紫青紫的是横断山脉，/白色的是小河。//缕缕炊烟在天空飘啊飘，/看它玩得多么快活！/我知道每缕炊烟下都有张熟悉的脸，/每个村寨里都忙些什么……//叫得最脆的是小鸟，/长得最美的是遍野的田禾；/呵。那山脚下第一架起重机已伸出长臂，/把第一块混凝土高高举起。//虽然它闭着嘴没有说什么，/我却突然产生一个骄傲的感觉：/我看见它正举起一轮红日，/我看见它正举起我如花的祖国。

谁说军旅诗词都是纵横沙场的战马嘶鸣，壮怀激越之余，面对边境清晨美丽的黎明，军旅诗人那细腻的抒情，也闪耀着柔美的光芒。

之后，这支重走长征路的队伍沿着当年红军走过的路继续前行。

他们经过丽江抵达金沙江边，《给丽江的纳西族兄弟》写出纳西族人民支援工农红军长征的一片深情。

他们来到川西北，《一个藏族青年》追溯着二十年前红军穿过草地的时候，卫生队救援了一个濒临死亡的难产母亲的生命，那个被救活的孩子心怀感恩，长大后一定要当个毛主席的兵……

他们走过成阿公路，汽车驶过草原，"草原像一块碧绿的地毯，这公路是地毯上的花边"，沿路的藏族人民歌唱这条新修成的公路是一条金子的河。于是，便有了诗歌《金子的河》。

…………

7月，到达四川阿坝地区，按照计划，他们还要继续前行。

北京的单位那边传来消息让李瑛立即回京。

此时被召回，不知有什么紧急任务。

李瑛急急赶回北京，原来是让他参加"肃反"运动。他无论如何都没想到自己居然被牵扯到运动中，《李瑛诗文总集》第十四卷的《李瑛生平及创作年表简编》中写道："有人揭发李瑛1948年写的《论诗人绿原的道路》一文，遂疑其为'胡风分子'，被隔离审查，保存了多年的作品剪报、信件、笔记本、日记本等均被抄走，后全部散失。"

在这次"肃反"运动中，他和公刘、白桦、沈默君、黄胄一起被关闭审查。

政治运动的大风大浪中，一个普通个体不过就是一粒沙，在委屈和无奈中，熬了半年时间，人被熬瘦了，磨去了本就不多的锋芒和骄傲。从盛夏熬到严冬，到那年的年底，终于传来解除隔离的消息。

审查结束了，李瑛没有再回到总政文化部，而是被分配到一个新单位——《解放军文艺》编辑部。

由大机关的首长秘书到刊物的普通编辑工作，李瑛没有感觉到任何不适应，他感觉这个工作专业而单纯，只要能静下心来踏踏实实去做，就能做得很精彩。李瑛本来就是踏踏实实的人，与文字打交道，与诗歌打交道，他感到很好。

到了《解放军文艺》编辑部，完成正常的编辑工作，他便投入到为不久前因车祸去世的战士诗人乔林修改整理稿件的工作。乔林生前是《解放军文艺》的诗歌编辑，他创作的长篇叙事诗《白兰花》，以大别山革命根据地为背景，歌颂了根据地人民在共产党领导下，反对蒋介石的反动统治和抗击日本侵略者的英勇斗争，塑造了一个在严峻的斗争中成长起来的白兰花的女英雄形象，这部作品还未修改润色定稿，乔林便英年早逝。李瑛承担起修改加工《白兰花》的重任，之后，在《解放军文艺》分三期连载，又推荐给作家出版社出版单行本，获得广泛好评。

那年，李瑛加入了中国作家协会，介绍人是刘白羽和郭小川。

那年秋天他是最忙碌的。

9月，他去了舟山群岛、定海、朱家尖、沈家门港采访。

10月，去了海南岛、榆林、三亚访问，走进了五指山腹地通什。

从舟山到五指山，三个月时间，他在祖国的东海、南海的一些岛屿深入部队生活，写下了几十首诗歌。这些作品，有《舟山群岛》《定海土城》《普陀山天灯台》《沈家门之夜》《过五指山》这样的记实之作，也有《航标灯》《升旗》《贝壳》《军港》这样的抒情诗篇。

他和战友们驻守海岛，走上舰艇，那次在大海上的《升旗》仪式，震撼着他的心灵：

> 黎明，当一轮红日即将升起。
> 大海总有片刻沉寂，
> 我们便在甲板上齐聚，升起国旗。

于是，从你庄严的容颜里。

我便看见了那牵着我心的

无数座山，无数座城，

粮食，花朵，阳光，小溪……

这时，祖国便在我们的舰艇上了，

母亲便在我们的舰艇上了，

所有的一切都一齐向我微笑，

流露出最大的信任和欢喜。

国旗割开浓雾向远洋招展，

每一个卷褶都呼唤水兵；

去保卫漫无涯际的大海、蓝天和土地！

　　诗人在大海逡巡，在海滩拾起一枚《贝壳》："一只贝壳，一片大海/无数贝壳向我诉说。/贝壳说：告诉我吧/告诉我今天欢乐的生活/我虽然死了，却留下一只金色的耳朵，/为了倾听，倾听这时代的歌！"他翻越五指山，过黎族村寨，见几个妇女在村里欢笑着舂米，她们穿着筒裙，一声一声说着什么："说着劳碌，说着辛勤？/说着新的铁犁、新的阳光、新的山林？"啊，"每一声都得到一个欢乐的回音。/祖国，每个破晓，在远离大陆的深山里/一个民族在披露着对于你的感激的心……"

　　回到北京，李瑛把重走长征路写的诗与东海、南海访问的诗共56首，编成《早晨》诗集，第二年这部诗集由作家出版社出版。

诗人在《早晨·后记》中说：

> 在这些旅行生活中，我发现：在我的祖国，光、大海、谿谷、山峦，无一不跃动着蓬勃的生命；特别是劳动在她胸怀中的质朴的人民和保卫着她的忠实的兵士，他们的新生活、新感情，给了我极大的激动和美好的感受。于是，我想和我的朋友们高声谈话。这些诗就是我当时感情的简单记录，如今把它们整理出来，作为我对我的祖国、我的人民和军队的一点儿积极的爱的表示。

寄自海防前哨的诗

1957 年 1 月，李瑛任《解放军文艺》月刊诗歌组组长。

一个月前，他的儿子小钢出生了。

此时，俨然是一个岁月静好的时期。

妻子也很忙，上班忙着做编辑，下班忙着伺候一家老小。

李瑛把父母接到了北京，他是个孝顺儿子，他是兄弟姐妹九人中的长子，父母年迈了，他要尽孝。

女儿小雨一天天在长大，她童年时期对于父亲的印象是这样的：

在我儿时的印象里，父亲始终是个瘦高、严肃、穿着一身绿色军装的英姿勃勃的年轻军人。早出晚归的父亲像一阵风。那年，我家搬到鼓楼附近，上班下班，父亲就骑着自行车准点擦过晨钟暮鼓，穿过雨雪风霜，来往于北京一条偏僻狭小的胡同里。每天回家，一放好车，他必先去北屋看望年迈的爷爷奶奶，有时还给他们捎去路上买来的点心，然后就一头扎在我们的小南屋里，静静地看书写作，直到深夜。院子里的丁香花、枣花开了又谢，一年又一年。那时候，我并不理会诗是什么，也不了解父亲为什么这么呕心沥血地痴迷于这些分行的文字。直到有一天，一场风暴惊醒了我少年的梦，我才明白了我的父亲和诗……

1958 年 6 月，李瑛被下放到福建漳州沿海军营里当兵。当时已是营职干部的他，却让戴一顶士兵的船形帽，成了一名列兵。

李瑛坦然接受人生中的风浪考验。

九年前他作为一名普通战士离开北京参加南下团，这一次依然是作为一名普通战士离开北京。

他的隐忍是从小练就出来的，是从童年时代乡下柴烟熏黑四壁的草房里练就出来的，是从颠簸流离的生长环境中练就出来的。他的平静来自于对军队这个大家庭的热爱，来自于对诗歌的虔诚。虽然不再是干部了，他依然是军人，依然是诗人，依然可以读书写诗，这就足够了。

只是，沉重的家庭负担要扔给文弱的妻子，他有些于心不忍，一双儿女尚年幼，老人年事已高，这是他最放心不下的，

夏季最热的时候还没有到来，京城已经热起来，炎热中，告别让他放不下也必须要放下的家，到遥远的东南边防前线报到。

他要去的那个地方位于福建东南沿海地区，那段时间，海峡两岸形势紧张，部队开赴前线待命，8 月开始炮击封锁金门，之后海军航空兵部队出现在福建、粤东前线。

历史名城漳州素有"海滨邹鲁"的美誉，那里风光旖旎，天蓝水碧，海湾绵延，但是，李瑛到达那里的时候，漳州沿海充满

剑拔弩张的紧张气息，顾不得看一眼美丽的景色，他便跟随一线部队奔赴最前沿阵地。

东南沿海的夏日骄阳似火，炙烤着人的脸，他们打着一杆红旗出发了。

在《去前沿的路上》："满眼油罐车，/满眼运弹车，/前车扯起一溜黄尘土，/后车被一溜黄土紧牵着。"汽车的车身上都涂着泥巴做伪装，车轮滚滚，无论是急行军的部队，还是车队都行色匆匆。

李瑛跟随连队挥汗如雨地行走在行军路上，沿途若是遇上几棵不知名的小树，便是他们最大的喜悦，小树替他们遮起一片荫凉，暂时缓解一下日头的暴晒。

经过长途行军，他们来到前沿阵地野营，没有营房，没有营帐，他们露营在海边荒野中。

天色已晚，却没有时间睡觉休息，他们还要连夜修工事，挥着铁锹，抢着大镐，加一层石头铺一层土，顾不上擦汗，顾不上喝水，一忙便是一整夜。

疲惫到极限，便忘记了疲惫，不知不觉已是黎明。

李瑛永远不会忘记，海防前沿阵地的那个黎明时分，他在《寄自海防线的诗》后记中写道：

当我偶尔放下铁锹举起水壶喝水的时候，一昂头，突然看见海天间裂开了一道白线——天亮了，一片滚动的茫茫大海，深蓝的、浅绿的、淡青色的大海就在前面；这时，太阳刚刚上升，没有一丝风，也没有一声鸟叫，安静极了，而在我身边，一朵小红花悄悄地开着，它好像刚睁开好奇的眼睛望着这世界……

这样美的沿海美景，本应该是和平美好的，但是此刻，这里是前线，站在海天美景中的，是一群热爱和平的年轻战士。他们经过了长途跋涉驻扎到这里的露天营地，面前是浩瀚辽阔的东海，背后是祖国大陆的土地，为了保卫每一个宁静的早晨，为了保卫每一朵美丽的小花，他们甘愿一辈子忠诚地守卫着，为了和平战斗牺牲。

李瑛的心中澎湃着诗情，他顿时忘记了自己的委屈和痛苦，突然觉得自己的内心豁然开朗了。

来到这个地方当兵，或许是历史对他的选择，他无怨无悔，只有在这最前沿阵地，才能设身处地体味到前线战士的情怀。他要把自己看到的、想到的都用诗记录下来，让后方的朋友们知道，让全国人民都知道。

自此，在前线艰苦紧张的战斗生活中，每当休息的间隙，李瑛便拿出随身携带的纸和笔，随时记随时写，有时候，他边写边读给战士们听，有时候，他写的诗会被贴上连队的墙报，成为鼓舞战士的宣传品。

这里有汗水，有欢笑，也有战火硝烟。

这里是最前沿阵地，用树枝伪装的巨大火炮来到战场，战士们在阵地上认真地擦着炮弹，炮声隆隆，炮弹出膛红光闪闪，映出天和海，映红半边天。

对金门敌军阵地进行警告性炮击之后，10 月底，每逢单日为我军炮击日。

在炮击的间隙，阵地上安安静静的，李瑛写下了《炮击间隙里》：

> 炮击间隙里，/四野静悄悄，/满地阳光多温煦，/哪儿传来小鸟叫。//阵地小黄花，/何时一下开放了；/滚在旁边的弹壳呵，/青青的烟在冒……//说真话，艰苦呵，/真想站着睡一觉，/可马上要急袭，/我心中烈火冲天烧，//小黄花，小野鸟，/战斗结束再问你好……

海边的雨，与内陆地区也不一样，阴雨绵绵，灰蒙蒙的雨雾笼罩着大地，大雨则若九天泻银河，铺天盖地，漫空泼洒。在雷声滚滚大雨瓢泼的雨夜，战士们依然坚守着阵地。此时，机场宛若沉入大海般，飞行员不畏风雨，随时待命，任凭身下的雨水像纵横流淌的小河，他们不为风雨所扰依旧沉着冷静。那首《雨夜待令》便记录下了一个难忘的雨夜。

他在福建海防前线写下的这些诗，与过去的诗作比较，更加通俗晓畅，他完全是在用战士的眼光观察世界，观察人，用战士的心胸来感受、思考，他就是普通战士的一员，他力求自己写下的反映战士战斗生活的作品，能够为广大战士接受和热爱，那个时代战士们的文化程度普遍不高，他在前线写的诗，是给战士们看的，所以那些诗朗朗上口，他们一听就懂，就能记下来。或许，今天看来这些诗句有些直白，但它们并不是标语口号式的呐喊，也没有停留在当时部队风行的快板诗、枪杆诗这类简单的"兵歌"上。能感觉出来，此时李瑛也是极力想去摆脱有些人指出的他过去诗歌中的"学生腔""小资感情"，诗的味道有了变化，不过，诗情画意的抒情气息依然很浓郁。

这些战地现场的诗作，很受部队指战员的欢迎。他下放所在团的副团长兼参谋长待他特别好，他们成了朋友，这位副团长就是后来的南京军区副司令员、北京军区司令员王成斌上将，他们保持了数十年的友谊。

在最前线，李瑛结识了一群最平凡最普通的战士。

那位名叫王兆的战友，善良、勤快、厚道，每天清晨总是第一个起床，为大家倒好洗脸水，班长问他谁倒的，他便会腼腆一笑："何必要问，谁知道！"晚饭后，他又悄悄把全班所有人的水壶都灌满，然后整整齐齐摆成一排，水是谁灌的，王兆依然不肯承认。他是一个质朴的好战士，做好事从来都不留名，但是，大家都知道是他干的。

那位名叫王大安的炊事员，部队到了阵地安营扎寨，他立即安锅做饭，业余开菜园。战斗打响了，他三更里忙着做好豆浆给战友们送上火线，除了做好本职工作，还送水接线背伤员，还走上最前线当炮手。这种全能炮手，在前线到处都能看到。

还有瞄准手安业民，打炮的时候炮火烧到了身体，忍着伤痛，他依然坚守岗位，直到牺牲的时候，脸上依然挂着胜利者的笑容……

　　战士们激战在前线，附近刚刚过上好日子的的乡亲们，绝不允许他们来之不易的幸福生活被对岸的炮火毁灭，他们自发行动起来，走上阵地。

　　不知道李老汉的真名叫什么，反正大家都叫他李老汉，这位一生漂泊在海上渔网漏尽日和月的老渔民，解放后才上岸没几天，海峡的炮火一打响，他剃掉了胡须找支书、找连长，一定要来火线出一把力，他不等连长同意便帮着部队修工事、扛木料，战士们最难忘的是他的挑筐，既能挑土垫路，还从后方挑来龙眼、鸡蛋。

　　那个名叫张大年的少年，是海边渔村的一个红领巾，小小年纪也来到火线，他奔跑在前线的海滩上，帮着炊事班捉海蟹，帮着宣传员放飞对敌宣传的纸鸢，帮着包扎所救治伤员，可爱的身影忙碌在海天之间。

　　…………

　　李瑛用诗记录下了这些平凡的英雄。

　　与这些平凡的英雄们一样，李瑛也是一位浴血奋战在前线的普通战士，他在诗中写了很多人，却没有写自己。他是优秀的诗人，毫无疑问，他也是优秀的战士，在部队基层因为他"锻炼刻苦"，荣立了三等功，庆功会上，他胸前戴上大红花，心中无限感慨，那首《开了庆功会》写得质朴真挚："开了庆功会，/我上了功臣榜，/胸前这朵大红花，/要往哪儿放？/左想，右想，/都是班长领导好，/应送咱班长。"

因为李瑛到基层部队锻炼成绩突出，1959年3月，他被调回《解放军文艺》编辑部"内控使用"。

从炮火纷飞的前线，又回到久违的京城。

又经历了一次战火中生与死的历练，又经历了一次起起落落的人生磨砺，重新回到《解放军文艺》编辑部的李瑛，已经看开了许多事情，也看淡了诗歌之外的许多东西，他让自己埋首诗中，他爱诗，他在后来的《李瑛近作选》自序的回忆中写道："我想和人们谈话，我想倾吐和诉说；我以自己的思维方式、表达方式和自己的语言传达出心底真诚的声音，那是我对生活的认识、理解、感悟和思考。"

这一年，也是成果丰硕的一年，他的诗集《时代纪事》由长江文艺出版社出版，在福建前线写的组诗《寄自海防前哨的诗》由解放军文艺出版社出版。

回到北京不久，李瑛安顿好工作和生活，盛夏，奔赴河北张家口一带组稿、采访。走出京城进入大自然，一颗心立即放飞起来。走在长城线上，古老的长城沉睡在北方大地，逶迤蜿蜒伸向远方。遥想这里的缕缕烽烟，如今，长城脚下大道通衢，土地肥沃，新中国的人民过着幸福美好的生活。从长城脚下，到喜峰口，到塞北的张家口，暮色中来到古时的通商要地大境门，叩问寻找历史的陈年古迹。在塞北，那深夜的驼铃声，那风雪中的乡邮员，气象站的年轻女观测员，牧场托儿所的孩子们都给李瑛留下了深刻印象，他写下了《长城线上》《过烽火台》《张家口》《大境门》《喜峰口》等一系列诗歌。这首《长城线上》便写于那个夏天：

　　　　马车的鞭花开在北方，
　　　　大道蜿蜒在塞北高原，
　　　　逶迤千山的万里长城，
　　　　罩满了滚滚尘烟。

　　　　从最后一缕烽烟散尽，
　　　　长城已睡去多少年；
　　　　漫漫岁月应有太多的梦想，
　　　　但你可曾梦到今天？

　　　　…………
　　　　大道早已过长城，
　　　　马蹄踏烂青石板，
　　　　一车车歌，一车车粪，
　　　　大道上满是新帆。

　　第二年一开春，他又到呼和浩特、白云鄂博、包头、三门峡、潼关、兰州等地组稿、采访。他深入生活，深入基层汲取灵感，把社会人生、自然风情等都作为诗歌创作的重要题材，写下了《乌兰察布的早晨》《国境线上的故事》《白云鄂博短曲》《包钢素描》《黄河故事》等一系列优美的诗歌。这些作品充满了浓厚的生活气息和旺盛的生命力。

　　这些诗歌经过编辑整理，便是 1963 年 1 月由百花文艺出版社出版的诗集《花的原野》。这本诗集以激荡着澎湃的诗情多侧面地歌诵了祖国大地上火热的生活、壮美的河山，让广大诗歌爱好者所陶醉和迷恋。

静静的海防哨所

诗路漫漫，却是满程风雨。

经历了一次又一次的磕磕绊绊，本以为前程已是一片坦途，没想到前面的路依然是风雨将至。

1960 年，李瑛被下放到冰天雪地的大连大孤山，到守岛部队当兵。

寒冷的冬月，他爬上临海的那座山，来到哨所，他被补进观察班。

班长是个爽朗的人，把这个三十多岁下放的新兵看作自己的一个兵。他递给李瑛一碗水："喝吧，不要嫌它味道苦，难以下咽。"

李瑛接过水喝下去，那水真是苦得难以下咽啊，苦中夹杂着丝丝涩味和咸味，这辈子他喝过许多地方的水，这碗水的味道，是从来没品尝过的。

山上的水原来这样苦啊。

李瑛心中的感叹还没说出口，班长便说："这是战士们从山下抬上来的水，在这里，我们下山抬一次水，就要珍惜地使用三天。"

山下抬来的水都这般苦涩，山上的水是什么滋味可想而知。

初到哨所，李瑛并没有被这里的苦涩所吓倒，他在海防战士抒情诗《初到哨所》中写出自己的心情："突然，哨所窗口上云飞浪卷，/那半碗水在我心中燃起火焰：/祖国啊，感谢你的信任，/请给我吧，给我最艰苦的考验！"

这个哨所三面环海，一面是山，小小的哨所建在了陡峭的山巅之上，低头望去，海浪欢快地在哨所脚下拍打着，举头仰望，云雾缭绕，几朵浮云就在眼前飞渡着，入夜，枕着涛声看窗前的满天繁星。正像《我们的哨所里》所写的："三面是海，一面是山，/我们的哨所雄踞在山巅，/白天，太阳从门口踱过，/夜晚，花似的繁星落满窗前。"

这里的每一个黎明，都是被一声雄鸡的鸣叫啼醒的，这只美丽可爱的大公鸡是哨所饲养的，它的使命就是叫醒这里的黎明。"看它昂立在群山之上，/拍一拍翅膀，引颈高歌，/牵一线阳光在边境降临，/霎时便染红了万里河山。"

起床后，到哨所四周走走看看，在荒无人烟的小岛上，严冬时节枯黄的草木在寒风中颤栗着，偶尔，会有抖着机灵的小野兔飞快跑过，天上，一些叫不出名字的白水鸟在头上盘旋着，飞过哨所的时候，压低了声音悄然而去。这里的一草一木，这里的飞禽走兽似乎都是有灵性的。

这里的生活以及工作条件更为简陋，小小的观测室，也和别的营房不一样，墙上挂着一支信号枪，桌上放着一只马蹄表，电话机紧绷神经安静地等待着随时可能发出的指令，望远镜永远忙碌地向四处探寻着，唯恐漏下蛛丝马迹。

观察班要随时掌握海情信息，仔细地识别舰艇、客船、渔机帆，只要有船进入观察区都要记在簿子上。坐在观测室，眼里都是一望无际的海，生活是单调而枯燥的，不但需要耐心与细心，更需要耐得住寂寞的恒心和毅力。

来到这里没几天，李瑛便能独自值勤了。

入夜，守在山顶的哨所，他举着望远镜望着哨所外的海和山。

外面的灯塔亮了，一闪一闪映照着海水。

从望远镜里，李瑛看到连长的身影，他正艰难地爬着山，向哨所走来，手里还拿着什么。

连长来到哨所，和班里的战士们聊了聊，便来到李瑛值勤的观察站，李瑛以为是连长不放心他这个新兵，过来看看他。临走的时候，连长笑吟吟拍着他的肩膀，塞给他一个鸡蛋。

他不明就里地接过鸡蛋，带着温度的鸡蛋温暖着他冰冷的手，在这经常吃不饱的饥荒年月，能吃上一个鸡蛋是一件很奢侈的事。

他望着连长的下山的背影，握着那个鸡蛋，心里热乎乎的。很久没吃过煮鸡蛋了，小时候，每到生日那天，母亲总要给他煮一个鸡蛋，祝福他生日快乐。贫寒的日子里，生日吃到的那个鸡蛋，盛满了幸福和甜蜜。

想到这里，他猛地记起来，今天是 12 月 8 日，就是他的生日啊！连长爬山给他送来这个蛋，就是来给他送上生日祝福的！

长大后，离开母亲离开了家，他几乎忘记了生日吃鸡蛋这个风俗，此时，在离家很远的远方，在被下放的这个小小的边防哨所，连长从山下爬上来，就是来给他送一个生日的鸡蛋。手中握着这个鸡蛋，他喉头有些发紧，眼睛有些湿润。

完成了那个夜晚的值勤，第二天，他写下了《我的生日》：

按照家乡的习惯，/生日总要吃一个鸡蛋；/多少年渐渐长大，/古老的习惯也渐渐疏远。//昨晚在山顶哨所值勤，/忽看见连长摇啊摇地上山，/他临走塞给我一只鸡蛋，//原来我的生日就是今天。//沉甸甸滚热的鸡蛋，/猛地把我的记忆牵向遥远；/儿时的伙伴，妈妈的容颜，/家乡的中午，鸡鸣一片……//然而今天我怎能忘怀，/在连长面前我又回到童年；/他拍着我的肩没说一句话，/却倾尽了一片火炽的情感。//夜里，激动得睡不着觉，/眼前总跳着连长的身影一点。/明天我要写封信告诉妈妈，/并且写一首诗，记下今天……

在这山顶的哨所里，战士们最快乐的事，便是《来了战士演出队》："黄铜钹，上下飞，/大红鼓，惹人醉，/海防线上的观察所，/来了战士演出队。"

虽然在这个哨所只有一个班的战士，但是，演出队依然很正规地中规中矩地执行演出任务，他们把印制的几大张节目单子贴在西山背上，山做舞台，云做大幕，优美的琴声歌声响彻在

145

山巅。

李瑛在这个班的战士中，不是诗人，他就是他们中的一员，快乐着他们的快乐，艰苦着他们的艰苦。他的诗中，表现出来的完全是一线战士的苦与乐。

从来到这个哨所，天气的主旋律便是寒冷，这一年的冬天显得格外漫长，熬着熬着，四月，北方的春天终于来了。

山上的野花开了，草色有了绿意。

海防哨所的春天，有它独有的浪漫。看李瑛那首《下岗后》，诗中充满浓厚的生活气息和繁茂的生命力：

我们邀请的都来了：

红的海草，

绿的波涛，

陪着下岗的战士垂钓。

也欢迎你：咸味的风，

轻捷的飞旋的水鸟；

好像很久都没有相见了，

都一齐来和我们嬉闹。

春天的哨所有了暖意，李瑛也像哨所里那些士兵们一样，盼望着休假的日子。

终于有了一天假期。

他和班长结伴下山，军营里的七尺男儿，在这春的原野上，竟然也会被春风中绽放的花花草草所打动，谁说军中硬汉没有柔情。他们采了许多野花，他们要把这些美丽的野花带回哨所，让它们扮靓那里的寂寞。

那鲜红的小花，总能让李瑛想起童年的一段往事。

小时候，他和小伙伴在雨后的丛林里嬉戏玩耍，鬼子来了，他们吓得慌乱地跑向家的方向，一个小伙伴没能跑回家，他倒在了敌人的枪口下，鲜血染红了绽放的野花。从此以后，每当看到野花，李瑛便会忆起那悲惨的一幕。他参军扛枪，只要不离开军营，做什么都无怨无悔，其中有一个原因，是他从小便立下志向：长大后做战士，保家卫国，为小伙伴报仇雪恨。

从前山到后山，他们每个人采了一大束鲜花。

后山那个地方有一个烈士墓，牺牲的战友就长眠在那里。

手捧着采撷的野花，李瑛忽然告诉班长：依我看这些花儿我们还是不要带回哨所了，明天就是清明节，不如我们把它们插到后山的烈士墓上。

班长马上同意了，他们默默地把采掬到的花儿献到战友墓上。在《有一天休假》中，李瑛把这一天记在诗中。

除了观察瞭望海情信息，这个哨所还承担着这个地方的巡逻任务。

李瑛的第一次巡逻侦查，是一次夜晚的军事演习。

潮水的涛声渐渐小了，夜深人静的时候，他们三个侦察兵的任务，是在小港里抓一只"舌头"，长时间在暗夜里潜伏，李瑛的焦躁不安引起窸窣声，惊出一片犬吠，机敏的班长也学起狗叫，遮掩住刚才的失误，终于圆满完成任务。过后，李瑛回想起那次演习，总感觉到一丝惭愧，从基层官兵身上，他学到了许多人生经验，也正是这次演习，练就了他后来遇事机智大胆，不焦虑也不纠结。

他们经常巡逻，巡逻的道路便是这里的山间小路，是一条条左拐右拐盘龙绕转的羊肠小道，在《巡逻道》中：

> 青山绿水好路标；/鹰也飞，兔也跑，巡逻小道好热闹！//……纵横小道织成网，罩起江山多牢靠；一寸寸山，一寸寸水。进来的敌人休想逃！//我从北京来，/从长安街直走到这毛毛道；/我到明天的新世界去，/今天，从这里起脚！

巡逻比观察海情更艰苦，无论是风轻云淡的日子，还是风雨交加的雨夜，都要外出巡逻。

暴雨如注的夜晚不敢有一丝懈怠。

皎洁的月圆之夜也要紧绷着神经。

听那首《月夜潜听》：

> 满月推起海的大潮，
>
> 满月照得大地透明；
>
> 巡逻组长说：

"今夜月圆，注意潜听！"

月亮，不要照出我的影子。
风，不要出声；
祖国睡去了，
枕着大海的涛声……

我们出发，伴满海明月，
我们出发，披一天繁星；
警觉的夜像万弦绷紧，
刺刀上写着战士的忠诚！

5月的一个深夜，连部的电话铃突然响起来，山顶哨所向连部紧急报告：外港驶过来一只陌生的渔船，抛锚停在了港湾，情况不明。

按照连部的命令，巡逻小组立即出动，绕过乱礁，走过海滩，仔细观察停泊的那艘船的船型，听发动机的声音，上前确认不是敌船。

在静静的哨所，有紧张艰苦的观察和巡逻，也有轻松愉悦的美好时光。

清晨，海潮退去，他们到海滩上拾海菜。

辽阔空旷的海滩上，一簇簇海菜，一只只海螺壳，一条条掉队的小鱼，他们拿着篮子和铁锹，走上海滩，把这些大海的馈赠带回哨所，早饭桌上又多了一道味美的菜肴。那是三年经济困难时期，那时候餐桌上多出一点儿美味，该是怎样的激动人心。

他们最快乐的时光是某一位战友探亲回家，给他们带回家乡的土特产。

排长探亲归队了，带回一包家乡的麻饼，这是排长妈妈亲手烙制的，香甜的麻饼中带着战友的情谊，带着母亲的深情和牵挂，带着乡村的炊烟味。

咀嚼着那块麻饼，诗人浮想联翩：

> 从它，我听见乡土大道上的车声了，/我感到收获季节的阵阵薰风；/我看见傍晚有一缕炊烟，/炊烟下闪着双温慈的眼睛。//呵，香甜的麻饼呀，/你糅进老妈妈多少深情，/一粒芝麻也重如这座海岛，/溅起我心灵满海的潮涌……//梦里，家乡的花又开个漫山漫谷，/醒来却只见满海的星星……

他以普通士兵的情感描绘军营生活的诗情画意，因为他就是普通士兵，如果他是从京城下来采风的军旅诗人，怎能深刻体会到军营普通士兵的感受。他不沉沦，不气馁，靠着自己倔强的坚持，把点点滴滴酸甜苦辣的人生感悟，都写成了诗。正是有了那些磨难做铺垫，李瑛诗歌的辉煌才更加灿烂夺目。

他说，"是火热的生活赋予了我沸腾的激情，这激情给了我诗的生命"。

从冬到春，从春到夏，他不知道自己要在这个小小的哨所停留多久。

一日复一日，迎来了海防哨所的盛夏季节，这个季节是这里一年中最幸福的一段时光，李瑛慢慢开始适应这个地方了，北京的编辑部传来消息，调他速回单位，那边有新的任务等着他。

他整理行囊，告别海防哨所的战友们。

他又回到《解放军文艺》编辑部了。

在海防哨所写下的那些诗，编辑成了诗集《静静的哨所》，1963年由解放军文艺出版社出版。

那满山满谷的红花

1961 年 7 月，李瑛从大连大孤山海防哨所，回到《解放军文艺》编辑部。回到家中，一家人虽然是喝着稀粥苦熬日子，但因为他回来了，家里的笑声又多了。白天忙碌一天，夜晚，他开始整理在海岛上写的那些诗歌。女儿李小雨在《用诗诠释自己的一生》一文中回忆道："而我印象最深的，是童年里无数个深夜，当我一觉醒来，四壁黑暗，唯有被报纸挡住的灯光透过来，映出了父亲写作的身影……"

回到北京没几天，李瑛又告别温馨的家，他接到命令，又被派往玉门、酒泉、嘉峪关、敦煌以及驻扎在那里的高原部队做调查研究和组稿，并到新疆军区、生产建设兵团、石河子组稿。

这些年，李瑛去了许多千山万水间的艰苦的部队，徒步爬过许多座大山，在人烟稀少的边防海防前哨，他不仅仅是调研组稿，还当过普通士兵。

不畏艰苦，深入基层，使他的诗歌永远洋溢着鲜活的生活本来质地。他曾经说："我觉得要从事文学创作，特别是诗歌创作，必须保持对生活的最大热情和敏感。不论是在顺利中还是逆境里，都要不失对生活的的热爱、追求和信心，并且保持正直的品格……尽可能到生活中去，到部队基层去，去感受时代的脉搏。"

西出阳关，走上戈壁滩，"劝君更进一杯酒，西出阳关无故人"。那首唐诗的诗句曾经吟诵过无数次，虽然这片广袤的土地是他心中的一块梦想之地，玉门、酒泉、嘉峪关、敦煌，一个个令人销魂的名字，只在古人的诗词中见过。当他真的来了，终于驻足在这片土地，才发现，古诗中的痕迹早已被风沙和岁月抹平。这里有边塞诗中的悲壮苍凉和寂寞沧桑，还有大自然塑造的雅丹地貌的鬼斧神工奇妙无穷的神奇，骑马走在一望无际的亘古戈壁，看着太阳从万里风尘的远方升起，那种震撼，是他生命中前所未有的。

李瑛的代表作《戈壁日出》就写于去西北边防采访走进大漠戈壁的时刻：

当尖峭冷风遁去，
荒原便沉淀下无垠的戈壁；
我们在拂晓骑马远行，
多渴望一点颜色，一点温煦。

忽然地平线上喷出一道云霞，
淡青、橙黄、桔红、绀紫，
…………

太阳醒来了——

它双手支撑大地，昂然站起，

窥视一眼凝固的大海，

便拉长了我们的影子。

我们匆匆地策马前行，

迎着壮丽的一轮旭日，

哈，仿佛只需再走几步，

就要撞进它的怀里。

…………

这首诗发表在 1961 年《山花》第 11 期。在这首诗中，李瑛以战士的眼光作为切入点，感受骑兵战士在无限的戈壁拂晓行军。拂晓战士骑马远行，荒凉的大漠寂冷无边，他们"多么渴望一点儿颜色，一点儿温煦"，突然，一轮壮丽的旭日升起来了，它拉长了战士们的身影，"仿佛只需再走几步，／就要撞进它的怀里"。这份惊喜刚刚被点燃，便被那火一般燥热的尘烟熏烤得人喘马嘶。这首诗，集空间、时间、视觉和听觉的感受于一体，通过细腻的观察，精到的揣摩，巧妙的艺术运思，向人们展现了真实的大漠景色。最点睛的一句在于"从哪里飞来一片歌声"，这歌声来自于军营中的勘测队员，在人迹罕至的戈壁深处，他们"最懂得战斗的美丽……"。

那首《夜过珍珠河》："整日在风沙里巡逻／，入夜，拾得一条闪光的河／哪里曾见过这样的河水，／美丽奇幻充满欢乐！"白天风沙弥漫，见不到什么景色，入夜以后，风息沙停，星斗满天，才发现了这条闪光的河。这无疑舒展了战士们的襟怀：

> 如果你没有为祖国横枪跃马，
>
> 你怎能认识她壮美的山河；
>
> 你怎能认识九月高原的星斗呵，
>
> 色彩一串比一串亮，故事一串比一串多？

沿着古老的丝绸之路继续前行，来到驻扎在高原的驻军部队，来到《戈壁兵站》，来到《靶场上》，来到《红柳丛中》，他把自己初进戈壁滩的这部分诗作编辑成"高原战士的抒情诗"部分，与上半年在海防哨所写的那部分诗合在一起，放在诗集《静静的哨所》中，1963 年由解放军文艺出版社出版。

李瑛的这次外出调研组稿，一路上历尽了千辛万苦。

许多年后，在《李瑛性格心理调查表》中回忆起那次经历，他曾说："1961 年艰苦的年月去新疆的漫漫长路上，曾整整两天没有吃上一顿饭……但我是愉快的。"

整整两天没有吃上一顿饭，在戈壁滩上长途跋涉，来到新疆军区、生产建设兵团和石河子。走过《哨所门前的河》，像一条顽皮的孩子戏耍在深山的小溪；《过烈士墓》，三年前为扑灭山林烈火，墓中那位战士献出了年轻的生命；踏上那条弯弯曲曲缠在半山腰的《古栈道》，像千百年风雨纵横的历史，如今战士们沿着这条古老的小路进了山，凿山洞架大桥。建设兵团的战士们在

155

云里挑土垒坝，在雾里灌水肥田，移来一片北疆江南，采撷来《一束稻穗》，它黄澄澄"像一枝最美的花，金灿灿开在山巅"。9月里，跟随战士们夜巡回营，迎着一片朝霞，遇上一支勘探队，当时，国家经济建设正在"爬坡"，急需找到大量的矿产和能源，踏遍祖国山山水水找矿产能源的地质队员，成为与解放军战士一样最可爱的人，李瑛的那首《赠勘探队员》，写下了征服万水千山的豪情……

那年下半年，李瑛又被派往伊犁中苏边境，带着"了解中苏关系紧张后的军民生活情况"的任务，走访了那里的兵营村寨。在冰天雪地，走在祖国北疆的边境线上，寒风怒号中，《青松》是我们战斗状态的象征：

西伯利亚的寒流，
弥漫了茫茫边境；
在我们威严的山顶，
耸立着一片青松。
…………
它们的胸膛可以击穿，
它们的枝叶却冬夏常青；
如果你理解斗争的含意，
你就懂得它们那一片涛声。

这些年，走访过祖国的东南西北无数兵营哨所，丰富了李瑛的创作素材，每次到基层，李瑛不顾劳累总是边调研，边写诗，每次回京时，行李箱中那沉甸甸的诗稿，便是他最好的收获，诗情让他把一切的苦累早已忘到九霄云外。但是，过度的劳碌让他的健康亮起红灯，这个精神矍铄从来不知疲倦的军旅诗人终于累倒了。

1963 年 1 月，李瑛身体稍稍好一些，便又奔赴广西睦南关组稿，这一次他依然是以普通士兵的身份，到十万大山深山部队体验生活一个月，并访问高山哨所和山民。

对于十万大山他并不陌生，解放广西的征程中，他曾以南下工作团新华社记者的身份跟随部队冒着敌人的炮火走过十万大山的崎岖山路，那些经历仿佛就在昨天，一晃却已经过去十余年了。如今，登上十万大山的高山哨所，他要与那里的战士们共同生活战斗一个月。

这里，高山绵亘横空，突兀齐天，直上九霄，在诗人的眼里，"这样的山才真正叫山，／巍峨，磅礴，怒耸九天，／一座座相挤，一排排相连"。

这里，层峦叠嶂，深山的春天却早早地来了，水涧中一半是绿水，一半是浮冰，积雪在慢慢消融，凝冻的小溪又活了，在万山丛中，蓝天云霞下，一只山鹰俯瞰四海云水展翅翱翔，那首《山鹰》正是我们战士的写照："啊，矫健威武的山鹰，／凝聚了我满腔豪情。／我的驻守在深山的战友啊，／这山鹰不正是你的身影!"

这里，云遮雾掩，来到高山哨所，你看到的却是一番激动人心的场面。走进战士们站岗的哨棚，这个小小的哨所只有五个人，在恶劣艰苦的条件下，战士们"大睁着五双眼睛，/日夜扫遍着峡谷、苍穹；/那里，跳动着五颗心脏，这才是大山真正的生命"。在峭拔的悬崖间，一丛丛山花开得正艳，在哨所窗子后面，诱人的野浆果鲜红欲滴。李瑛把那个《高山哨所》写进了诗中：

> ……/喏，看它们一座座凌霄怒耸，/黝黑，深赭，透出一片铁青；/那里，在那峭拔的山顶，/雄峙着我们战士的哨棚。//它哪里是一座哨所，/分明是一块危岩，一丛刺蓬；/或是一朵游移的云影，/或是一只栖息的山鹰。

三年前，李瑛驻扎在东北的辽东湾，今天又来到这遥远的高山哨所，他心生感慨："昨天还守卫在海边，/今天却移驻高山"，虽然离开大海很久了，他在梦中还时常梦见大海，梦见海边烟波浩渺的白浪，因为爱海，眼前的群山也像大海的波澜，因为爱海，眼前山间缭绕的云雾也像荡漾的碧波。此时，他感到，"大海。高山分挑在战士的双肩"。自己不仅仅爱大海，也爱这巍峨的高山，不仅仅热爱海防哨所，也热爱这里的高山哨所。于是，他写下了《海的怀念》。

守着高山哨所，守着寂寞，战士们业余生活却有自己的快乐方式，他们在哨所的墙壁上画了一座天安门，《一幅天安门的画》，让天安门离这高山哨所这么近。他们举行《爬山赛》，"哨子在吹，战友在催，/下山去，把红彤彤的太阳举起来"。他们用一排铮亮的子弹壳制作成乐器，吹奏出最美的乐曲，一首《给一个战士演奏者》，赞美了这奇妙的乐器，也赞美了高山哨所战士"战斗不息曲不落"的顽强意志。他与战士一起唱《边寨夜歌》："边疆的夜，静悄悄/山显得太高，月显得太小/月在山的肩头睡着，/山，在战士肩头睡着。"他在边境线《和新战友谈界碑》："海的壮丽，山的雄伟/凝成我们庄严的界碑：十八号，十九号，二十号……/新战友啊，让我们把它牢牢守卫""告诉你，当我第一次看见这碑石/我想起曾经走过的千山万水/想起峥嵘岁月里无数次苦斗/和我幼小时失去祖国的眼泪！"

李瑛这个时期的短诗，往往从生活中提炼有特征的人物、事件和情景，通过客观的叙述和描绘，来表达生活的情趣和诗人美好的情思。例如，写战士的生活，一般把战士放在他们岗位所在的特定山水之间，展现他们的日常活动和故事，从而揭示他们高尚的品质和美丽的心灵，而诗人的情感倾向则是渗入其中的赞美。只要列举一下诗的题目就够了：《高山哨所》《进山第一天》《爬山赛》《告别深山》《紧急集合》等。这些诗的主人公是战士，事件是站岗、守卫、值勤、训练，场景是自然环境，但由于这一切都浸透着一种生机蓬勃的青春气息，虽是客观描述，但也表现出浓重的生活的诗意。词中抒情方式，也体现了当时的"生活即诗"的整体艺术走向。

他把1961年在新疆调研写的部分诗作和1963年到十万大山深山部队体验生活的诗作合在一起，收录到诗集《红花满山》

159

中，李瑛在这部诗集扉页上配了两句题记："看那满山满谷的红花，是战士的生命与青春。"这句话是题记，也是这本诗集的题旨和主题。

这部诗集的诗稿交到出版社后，便被压下来，一直到1973年，方才由人民文学出版社出版。

1963年9月由作家出版社出版的李瑛诗歌选集《红柳集》中，收录了李瑛从1952年到1962年十年间所写的部分短诗，其中也有他写海防哨所、戈壁高原、北疆边境军民的部分诗选。

李瑛从大学生转化为战士诗人，他戎装在身，走在祖国的大地上，感受了祖国山河的壮美。但他从不把自己看作"山水诗人"。他总是把热爱祖国和人民的激情，寄挂在山水之间。并把山川和战士联系起来，表达一个士兵的感受和咏唱。

李瑛在1985年由解放军文艺出版社出版的诗集《战士们万岁》自序中曾这样总括："照耀着灿烂阳光的大地和我们沸腾的生活万岁！为了建设新世界，永远用积极的态度进行不懈追求的人们、不惜为光辉理想而付出血汗甚至宝贵生命的英雄们万岁！"最后，他喊出：

"——战士们万岁！"

这是诗人全部军旅诗的时代话语，也是他发自灵魂的向历史、向世界庄严而神圣的昭告！

第五章

峥嵘岁月总是诗

枣林村的美好春天

1962 年 2 月，在全国城乡开展了社会主义教育运动。

过完春节没几天，李瑛作为第一批社教工作队员，被派赴通县红果园村，住进农户家里。

北京通县也就是后来的通州区，今天找遍了通州的村镇，却找不到一个名叫红果园村的村庄，但有枣林村。当时的红果园村，或许是在"大跃进"期间更改的有时代色彩的村名，后来在全国地名普查时，许多乱改的地名被要求予以恢复，不知那个红果园村是否变回了李瑛诗歌中的枣林村。李瑛在诗中曾说，这个村子距县城七十多里，按照这个距离，红果园村大概就是枣林村。

正月里，北方乡村是乍暖还寒的季节，风中残留着冬寒并不凛冽的余威。李瑛身穿军装，背着军用背包走进那个小村。春节刚过，村子里还有浓浓的年节气氛，安静的乡村上空偶尔有几声响亮的鞭炮声，渲染着年的味道。远远的，村支书带着一群人到村口来迎接了，村民们门里门外，窗前屋后，到处是瞭望的身影。

李瑛他们被安排在后街一户名叫王国印的老农家住下来。

乡亲们对他们很热情，老大爷递上一袋旱烟叶子，老大娘端过来一碗热开水。李瑛在《初进枣林村》中写下了刚进村的一幕：

人民子弟兵进了村，/家家迎亲人，/多少门接啊多少窗望，/像土改的同志又回了村。//头上红星亮闪闪，/小小背包背在身；/支农的解放军住谁家？/——后街老农王国印。//小屋外，一群群孩子趴窗望，/小屋里，一个个社员挤个紧。//多像土改的老八路，/多像打土豪的老红军。/高悬的电灯拉起来，/雪亮的灯光照亲人……

人到了位，工作便该开展起来了，李瑛他们的社教工作队开始走门串户走访、开会。走在村中，李瑛有意无意间总会想起东边在几百里外的河北唐山，自己故乡那个小小村庄，他在故乡生活过，熟谙北方乡村生活，这里的一草一木，这里善良淳朴的乡亲，他仿佛见过，并不陌生。

夜晚，下雪了，满天的雪花飞舞，空气中弥漫着雪的清凉。他们开会有些晚了，散会后，夜已深，外面已经落了白茫茫的一层积雪，把小村的夜色抹成一片素白。踏雪一步一滑回到住的农户家，推开院门，屋里灯火亮着，房东大娘还给他们留着门没休息，火炕已烧得热乎乎的，老人家在静静的雪夜细听门外的脚步声，透过玻璃窗瞭望外面的动静，因为玻璃窗水汽重，她一遍遍擦拭干净，不断望着窗外。从门前踩出的脚印可以判断出，老大娘一定是一遍又一遍到门外焦急张望：工作队的同志该回来了吧？回来给他们准备好热水，准备点儿姜汤、糖窝窝。

他们咯吱咯吱踩着积雪披一身雪花回到温暖的住处，老大娘拿出炕笤帚帮他们扫掉身上的雪，满脸的疼爱："来！快跺跺脚，快扫扫肩，亏得在部队有锻炼，没让大雪淹……今儿晚，再也别写，再也别算，没办完的事留明天……"

此情此景，让李瑛鼻子酸酸的，心里热乎乎的，滚烫的泪珠在眼里打转，他想到母亲，想到战争年代遇上的那些军民鱼水情深的老妈妈。于是，他写下了《雪夜》这首诗。

春风中迎来《正月十五》："正月十五春风高，/家家闹元宵；/东家煮红豆，/西家泡小枣，/天不亮，/就听见村头碾轴叫。"北方乡村不产糯米，但是生产黏黄米，他们做元宵的材料用的是黏黏的大黄米，于是，站在街头，便闻得满村新米香。回想过去的旧社会，再看这幸福美好的新生活：

听街头：/东家唱，西家笑；/隐约里，又传来千家万户的锣鼓声，/锣鼓中，/还响着万户千家的鞭和炮。/听：呼哒哒，呼哒哒——/多少架风箱已拉起来，/枣林梢头炊烟飘……

李瑛在农村进行社教的生活中写成的这些诗，从内容到形式，都与过去的诗歌创作不同，他深入基层乡村，老百姓的语言丰富多彩，他尝试以民族形式、风格和通俗的农民语言乃至民间谚语，来写他们喜闻乐见的诗歌。他的这些诗歌着笔细腻、形象，乡土气息浓厚，以清新明丽的词句和意象，抒写北方大地的情怀。

北方的乡村生活他是熟悉的，在农村生活过几年，许多日常生活场景似曾相识。正月里，冰雪依然覆盖着大地，田里的活不忙，农人们闲不住，猫在家里编筐、选种，收拾农具，为春耕备战。那首《编筐》写得很富诗意，在那个年代口号诗盛行的诗坛上，这首诗清丽而有意境：

南檐前，春联照人眼，/北墙下，残雪冒轻烟；/锹——擦了又擦，/种——选了又选，/只待飞回南来雁，/东风满犁尖，/全队劳动力，/好打响春耕战。//烟锅子，剜了又剜，/鞭杆子，拴了又拴，/人人等春等得急哟，/老书记，看在眼，/送完粪肥趁空闲，/一声喊：/"今年不买筐和篮，/自己动手编。"

此类的诗歌还有《春歌》《试水》《收肥》等。

春天转眼间就到了。

春风中，大地一片新绿，沉寂了一个冬天的土地苏醒过来，重新焕发生机，农人们也开始忙碌起来，乡间公路上，人欢马叫，《蹄声嘚嘚》："夜三点，马蹄声嘚嘚，/大道上，串串鞭花落。"一场春雨滋润了大地，麦子开始拔节了，大田里，长出一层绿茵茵的小草，当地老百姓管这种小草叫"猫耳朵"，一首

《锄地小唱》写得欢快活泼:"歌满田野花满路,/小小锄板滚汗珠,/嗬,姑娘小伙憋足了劲,/热腾腾一幅好画图!"

春风中,遍野的榆树上结满了榆钱,那是榆树的果实,却像花儿一样开放在春天,那质朴的嫩绿开得正盛,一簇簇、一串串,鲜鲜绿绿压弯枝头,榆钱满树的时节,青黄不接的苦日子便快熬出来了,揭不开锅的穷时候,这榆钱拌上糠皮野草,便是救命粮。《榆钱》这首诗虽然有那个时代浓郁的政治气息,却写出了"四月大清早,杨花飞满天"的大好春色。

春风中,丝丝春雨来了,恋上这块美丽的土地,下啊,下啊,连绵不断地下起来,麦地里一片泥泞,抗涝排水成为当务之急,从县到村行动起来,村里的姑娘们穿着雨靴披着黄油布,也冲进漫天雨丝中,那首《连天雨》,有场景,有故事,有细节,是一首极好的叙事诗:"四月里下起连天雨,/八十的老爷子喊稀奇,/青蛙叫,/杨柳绿,/只是那满眼的麦苗儿,/可要和烂泥……//雨紧挡不住燕子飞,/街头闪过群好闺女,/高靿雨靴黄油布,/肩扛漫天雨;挨家挨户门轴响,/清脆的话音压雨滴……。"

春风中,北京城传来好消息,为纪念毛泽东《在延安文艺座谈会上的讲话》发表二十周年,诗刊社要在人民大会堂组织诗歌创作座谈会,邀请李瑛参加。

李瑛请了假立即赶回京城,4月19日赶到人民大会堂福建厅,参加这个诗坛的盛会。那是一次盛大而热烈的诗歌座谈会,朱德、陈毅、郭沫若、周扬、冰心、冯至等六十多人出席,《诗刊》主编臧克家主持并致辞。朱德、郭沫若发言之后,陈毅发表了自己的主张:"写诗要使人家容易看懂,有思想,有感情,使人乐于诵读。"

毛泽东《在延安文艺座谈会上的讲话》明确提出了文艺为工农兵服务的方针,强调文艺工作者必须到群众中去、到火热的斗争中去,熟悉工农兵,转变立足点,为革命事业作出积极贡献。在诗刊社的座谈会上,重温讲话精神,诗人们纷纷表示,要在毛泽东文艺思想指引下,塑造好工农兵形象,反映伟大的革命斗争,坚持文学的民族化、群众化。

会议结束后,再次回到枣林村,李瑛更加坚信自己最近写的这些乡土气息浓厚诗歌路子是对的,契合座谈会精神,他将继续写下去,写成一组反映乡村生活的大型组诗。

在他笔下,入诗的都是乡村的日常生活。

麦子就要黄熟了,他写下《护麦》:"南风吹到刀刃上,麦熟要登场;/看那一片片——/洼地还青,/平地透黄,/高岗子流出一股笼屉香!"

麦子就要收割了,他写下《开镰前》:"麦稍一天黄一天,/谁在窗下喊,/今夜要开镰……"。

初秋的青纱帐里,他写了《护青》:"二十里赭黄六十里绿,/且看云天连大地;/绿蒙蒙烟雾青纱帐起,/雾带花香露含蜜。"诗人笔下,这秋色该是多美啊。

走过村中的果树林,他写下《过林果坳》:"蝻虫子飞,/野蜂子闹，／大车穿过果林坳，／十里清香引人醉，／一曲山歌绕树梢。"

秋收的场院里，他写下《碌碡吱扭扭叫》和《秋场上》："九月风过万里黄，／三秋人倍忙。／打开千窗望呀，庄稼撂了个，／四野空荡荡，／地头上只剩下：一垛垛谷个子，一捆捆红高粱。"

在村子里，李瑛这个解放军诗人，结交了许多农民朋友，认识了许多淳朴的乡民。

泼辣能干的女孩子张小青，是村里气象哨的《管天小哨兵》："抛锚的云，／脱缰的风，／谁不认识张小青／——枣林村关天的小哨兵。"

"别一把镰刀，／搭一条手巾"的生产队的《队长》，一个朴实北方汉子，总是吃苦在前，干活在前。

七十多岁的《王老汉》，把每一粒粮食看得比命都金贵，清早"蹲在那地边边，／一穗穗拾呀一粒粒拣……"。

还有《"红保管"》张老汉，有名有姓的倔老头，眼里有根公平秤，掉进鞋里边的麦粒也要送回库房的囤尖尖。

这是一群有血有肉的农民形象，他们生动而可爱，不是高大全英雄人物，他们的一颦一笑，透着淳朴的民风。美丽乡村是诗歌创作的源泉，李瑛在这个村子下乡一年，他把这一年的生活写成了诗。这些诗语言明白晓畅，生动活泼，写农村事，抒农民情，不做作，不雕琢，表现了一种民歌风的自然之美。

这个探索性的大型组诗取名《枣林村集》在李瑛离开下乡的

那个村了之前，初稿便已经基本完成。

正月的严寒中来到村子，春夏秋冬，转眼快一年了。

在寒冬到来的时候，李瑛的身体越来越吃不消，他抱病坚持到 12 月份，终究因为病情加重被调回单位。

1964 年 2 月，依然是空气中氤氲着年节鞭炮烟火气的时节，他再次被派到农村参加"四清"工作。离开京城的时候，除了简单的行李，他特意带了两件东西，一件是两年前所写的《枣林村集》的初稿，还有一件是一套《全唐诗》。晚上闲下来的时候，他在灯下或诵读《全唐诗》，或修改《枣林村集》的诗稿。

于是，在这部诗稿中，有些诗句便有了唐诗的味道。

诗稿修改完成之后，交到北京人民出版社，这部诗稿和交到人民文学出版社的诗稿《红花满山》一样，被压了下来，直到 1972 年 4 月，北京人民出版社恢复部分出版业务之后，才得以付印。

《枣林村集》出版后，受到广泛好评。

因为诗集中的内容是写乡村生活的，读者更加广泛，在当时充斥着空泛口号的诗坛，无疑，他的诗是一股清新的风。

老诗人艾青在《致李瑛》谈到这本诗集："一九五七年，我从诗坛消失之后，先到北大荒，后去新疆，在那偏僻的地方，很少有机会看到你的作品。记得只买到你的《枣林村集》，许多清新的诗篇至今留有印象……"

把友谊的花束撒向世界

1962年春节的一次聚会上，李瑛朗诵了自己的诗《茶》。

这首诗的灵感来源于报纸上登载的一条消息：中国的种茶专家到摩洛哥去指导种茶时受到了热烈欢迎。

地处非洲西北部的摩洛哥终年气候炎热，在阿拉伯国家中，摩洛哥人不喝酒，喜欢饮茶，吃罢正餐，摩洛哥人和我们一样吃些茶点，饮茶是摩洛哥人日常生活的一部分，自古以来，摩洛哥大量的茶叶依靠进口。20世纪60年代，中国派出种茶专家和土壤专家，来到了摩洛哥阿特拉斯山西麓的阿兹鲁（Azrou）谷地，帮助摩洛哥人民在他们那块的土地上试种茶树，中国的茶苗在遥远的异国他乡长出来了，从此，古老的中国茶史又揭开了走向世界的新篇章。

李瑛那些年经常在全国各地调研、组稿，那天难得在京城的家中，吃完简单的晚饭后，他坐到昏黄的台灯下，开始读书读报写作，爱人和孩子们静静地看书写作业，窗外北风吹得急，陋室内虽然不算温暖，却温馨安静。

李瑛突然读到报纸上的那条中国种茶专家到摩洛哥去指导种茶的消息，激发了他的灵感，于是，便铺开稿纸开始写诗。

夜深了，爱人和孩子已经进入梦乡，《茶》完成了，诗人的激情还在心头澎湃着，他急于找人来分享得意之作的喜悦，便推醒已经进入甜甜梦乡的爱人和女儿："醒一醒啊，听我给你们朗诵一下我的新诗。"

不管她们怎样的睡意蒙眬，怎样的不情愿，李瑛充满激情地朗诵着：

晚上。灯下。/我读着黑非洲的诗，/喝着热茶，/忽然好像看到：/摩洛哥，阿兹鲁谷地，/一片茶花。//茶花，//透出沁人的香味，/弥漫了非洲每间茅屋。/传到我家。/我说：/青铜铸造的非洲呵，/你会理解：/中国小小的茶籽，/给你带去了多少/深情的话……

李瑛的女儿李小雨把这段记忆写进的《用诗诠释自己的一生》中：

念完，爸爸让我们提意见，妈妈在梦中迷迷糊糊地说了点儿什么，而我在爸爸的追问下，不知提什么，只好信口胡说："你在中国是闻不到非洲的花香的。"父亲和母亲都大笑起来……平静地写诗，平静地读诗，快乐仿佛渐渐涨大起来，如小灯溢出的温馨，在一夜北风扫净的小院里，这声音，那么清冽，那么甘美……

这首记录中非友谊的诗歌，李瑛自己也比较满意，所以，在1962年春节的一次聚会上他朗诵自己的这首诗。

20世纪五六十年代，李瑛除了军旅诗歌和反映祖国大地上发愤图强的中国人民进行着艰苦卓越的奋斗的诗歌之外，也把自己的目光投向世界的风云变幻，关注世界上发生的各种国际事件。他曾在一首诗中写道：

我虽然住在北京这条/僻静窄小的胡同里，/但风暴般的世界/却紧摇着我的房门。

是的，这世界的风暴，的确敲击着我们的门窗，面对这充满火、热、光明和搏斗的世界所发生的一切，我们不能不表达我们人民的立场和爱憎。站起来的中国人民希望看到全世界人民都站起来。这是时代的尊严、信念和力量！

当年在总政文化部工作，当部长秘书的时候，李瑛曾经三次到抗美援朝战场采访。1954年夏天，跟随陈沂部长率中国人民解放军歌舞团出国访问，先乘火车到莫斯科，然后抵达捷克斯洛伐克，访问了布拉格、布尔塔、荷多宁、塔塔尔山、奥斯特拉瓦等地，参观了伏契克蒙难的庞克拉采监狱，被授予伏契克奖章。当年秋天，访问了罗马尼亚的布拉勒斯特、西那亚等地，深秋时节抵达波兰，访问了华沙、克拉科夫、奥斯维辛集中营等，最后返回苏联，走访莫斯科、斯大林格勒、西伯利亚等地，被授予近卫军奖。

列车行进在西伯利亚的大地上，他在列车上写下了《出太阳又落雨水》《车停在伊尔库茨克》《过西伯利亚》："列车穿过茫茫的西伯利亚，/穿过花朵开遍的大草原，/那忙着生长的桦树林，/像起伏的海洋，无边无岸。"在斯大林格勒，他写下《列宁运河河口》："古老的伏尔加河水在大地上，/沉吟着已百代千年，/那缓缓的闪光的水波，/今天却欢腾着爬上高山。"

在比尔森，他写下了《边境》："从一片美丽的花园走来，/突然感觉到一阵寒冷，/仿佛身旁翻滚着洪水，/又像是一切都已死寂，结成了冰，/原来已经走到了边境，/这道铁丝网竟是这样分明……"

在华沙，他写下了《华沙夜歌》："雨落在华沙城里，/夜深了，华沙城仍在歌唱，/你听那满街匆忙的脚步声，/你听那工地上的机器在轰响……"

…………

在国外访问半年多的时间里，李瑛写了三十多首访问各国的短诗。

他出访苏联和东欧三国时写的短诗，集成了一本诗集《友谊的花束》，1955 年 8 月，由上海新文艺出版社出版。

后来李瑛还写了许多瑞士之旅、美国之旅、日本之旅、埃及之旅、古巴之旅的国际题材诗歌，六十年代，他的国际题材诗歌大部分集中表现对亚非拉民族运动的声援和支持。

诗歌没有地域性，它是民族的，也是世界的。诗歌是心灵的语言，人类的心灵是相通的，通过诗歌的交流，能实现一种深度的心理交流、历史情感共鸣。

1963 年 8 月，亚非作家会议执行委员会委员、加纳诗人乔治·阿翁纳尔·威廉斯应邀来我国访问，中国作协请李瑛全程陪同。此时，是世界上大动荡的时代，亚洲、非洲的作家们为了反对帝国主义和殖民主义的侵略、压迫，争取民族独立与解放，增进各国人民的团结和友谊，促进文化交流，成立了亚非作家会议机构。

乔治·阿翁纳尔·威廉斯是加纳青年诗人、加纳作家协会组织秘书，他通过诗歌叙述了非洲古老文明，控诉外来侵略者几百年来给非洲大陆带来的奴役和压迫。后来，作家出版社出版了乔治·阿翁纳尔·威廉斯的诗集《黑色的鹰觉醒了》，收入十七首诗歌。都是年轻诗人，虽然语言不通，肤色不同，但是诗歌让他们心灵相通，李瑛陪同他在北京游览了很多地方，他们还登上了八达岭长城。已是初秋九月，草色比山色还要凝重，向长城外望去，寥廓的塞外天空盘旋着一只苍劲的雄鹰，一步步攀上古老的万里长城，这位非洲作家感叹说：今天我们亚非拉又筑起一道新的长城。他们还访问了武汉、杭州、广州，通过互相询问、观摩、学习，加强了诗人之间的文化交流，坚定了李瑛写好国际题材诗歌，为世界文化和人类进步事业作贡献的信心。

在乔治·阿翁纳尔·威廉斯访问期间，《诗刊》社举办了支持黑人斗争诗歌朗诵会，乔治·阿翁纳尔·威廉斯亲自朗诵了他的《黑色的鹰觉醒了》，李瑛在《听一位黑人朋友朗诵诗》中回忆说：

> 我倾听一位黑人朋友朗诵一首诗，
>
> ——一首反抗奴役的诗，

——一首呼唤解放的诗，

——一首战斗的诗

……

谁知他胸中，

冲撞着多少仇恨和期冀！

李瑛也朗诵了自己的亚非国际题材诗歌，他和乔治·阿翁纳尔·威廉斯都博得全场特别热烈的掌声。

这些年经历了诸多磨难，1963 年的那个夏秋时节，是李瑛最舒心的一段时光，把乔治·阿翁纳尔·威廉斯从广州送到香港，李瑛回到北京，办公桌上放着带着墨香的诗选《红柳集》。这是作家出版社送过来的样书，这本书是出版社为迎接新中国成立十五周年出版的，从李瑛已经出版诗集的短诗中遴选，出版社特地邀请老诗人张光年为诗集作了序。

李瑛的国际题材诗歌，友谊、和平，是此类题材共享的主题。20 世纪 60 年代，国际诗歌主调虽然由颂歌变为战歌，但是，李瑛的诗歌中依然保持着浓厚的抒情气息和丰沛的想象力，即使是表现对亚非拉民族解动的声援和支持的那些诗歌，也写得深情款款，他的内心永远澎湃着一个诗人的火热激情和丰富联想。

那首写于 1961 年 12 月的《古巴情思》，意蕴悠长，那韵律，像流动的音符：

朋友从古巴回来，

带给我一颗石子：

粗犷像一把石斧，

浑厚像一只古老的谣曲。

我把它放在书桌上，

我便看见了

倔强的安得列斯的山脊……

《寄战斗的古巴》，讲述《七支步枪在前进》，赞颂卡斯特罗发动革命武装起义并取得最终胜利的传奇；他生动描述柬埔寨的解放事业，让金边放射新的光芒和老挝革命使六月的湄公河水更加清亮；他写《埃及，中国的眼睛看着你》："……一个愤怒的反抗的声音/从古老的非洲大地的腹腔升起"；他呼唤阿尔及利亚《起来，站起来》："起来，站起来，阿尔及利亚兄弟，/起来，把力量交给双臂""太阳正和你们挽臂前行"；他写《赤道线——刚果的故事》："哦，滴火的太阳的子孙呵/我看见了你们人人都是钢心铁胆，/声声高呼：'作主人，不作奴隶!'"

那些为真理和正义而斗争的人们，他们从废墟上，从血海里，从广袤的大地上，呼啸着昂然奋起，用石头和长矛收复了他们曾失去很久的做人的权利，让一切压迫、剥削、吃人的制度和贫穷、落后，从地球上涤荡干净。请听《非洲的鼓声》：

鼓声掀起了大洋的浪涛，/大洋在倾诉千年的痛苦；/听，多少人的喊声从地心腾起/乌呼鲁——乌呼鲁（意即自由）

请看扎伊尔的《钻石》：

> 钻石的河，钻石的山，/月光下，到处闪着萤光的幽蓝；/扎伊尔——多么值得骄傲，/你和钻石一起，屹立在大地上，/抵住高温、高压、磨耗、强酸！

你们说："要改造世界就必须挺起铁骨钢肩，/像钻石，作钻机的钻头，车床的车刀/——再硬的金属也要切削：/——再厚的岩层也能钻穿！"这是对扎伊尔也是对全世界人的讴歌与礼赞。

各国人民之间友谊的纽带，是在共同奋斗与彼此交往中结成和牢固的。诗人写《送运载小麦的船去古巴》："望黄浦港外，水天尽头/一只只船，一缕缕烟在飘流；/苍茫里，那一道道烟缕呀，/正微笑着向古巴人民招手。"他写尼泊尔《普里特维公路》，在尼中两国工人和工程技术人员的并肩施工下，竣工通车："风雪里，我们同筑一条路，/穿过峭壁，跨过深谷。""看啊，地平线上——那巍巍大桥，莽莽大坝，/哪一座不闪着我们/友谊的光辉和战斗的幸福！"他写我们支援坦赞铁路建设工地上的《篝火》："多少个冬夏，篝火像鲜花怒放了/看呵，一堆堆，风吹不熄，雨打不灭，/熊熊地燃烧。"见证了坦赞人民的情谊和我们共同的理想。多年里，有很多非洲朋友来中国访问，他写《一位非洲朋友》，写《和非洲朋友登长城》，写《听一位黑人朋友朗诵诗》。他认为，长城是架设世界上沟通民族间的桥梁，而整个非洲则是一首诗："一首抗奴役的诗，一首呼唤解放的诗，一首战斗的诗！"

在诗人的笔下，朝鲜山野的《一束金达莱》，象征着中朝鲜血凝成的友谊；一颗往返中日之间古莲子的发芽、开花，记载了中日文化交流传统的悠长；而出土的一只《玛瑙杯》，则使人想起了《丝绸之路》，"沙滩上，驼峰浮游，／大道上，黄尘裹马蹄"——"向东，向西"……

反抗殖民主义，反对帝国主义，制止一切侵略和战争，守卫人类生存的家园，保卫和平，是世界历史的最大愿望和当今时代的广泛吁求：

在我们这旋转的地球上

和平是一棵树

给它雨露，给它天空

好让每天的太阳

攀着它上升……

（《和平是一棵，树》）

李瑛出版过几部以国际题材为主的诗集，继诗集《友谊的花束》之后，1959 年 5 月《时代纪事》由长江文艺出版社出版；1964 年 8 月《献给火的年代》由作家出版社出版；七十年代至九十年代，还出版了《站起来的人民》《听歌》《和平是一棵树》《李瑛国际题材诗歌选》等。

这些国际题材的诗歌，表现了李瑛对发生在那个时代的某些重大国际政治生活事件的看法。在《李瑛诗选》自序中，他说：

"因为我认识到诗人的职责，他必须走向世界，他必须倾听人间每个角落发出的声音，并且应该对每一重大事件表示自己肯定或否定的意见；因为扫除整个旧的生活制度，建立新世界，是全体人类共同的事业，我觉得一个诗人的任务就是一个战士的任务，诗人的声音应该是时代的声音。"

做一个纯粹的人

李瑛是一个纯粹的人，他有一颗纯美的心。他活得真实，活得纯洁。他永远坚守自己最初的理想和信念，始终热爱祖国和忠诚于人民，秉持一个革命者的本色与人格精神。

他不随波逐流，有些清高，但不高傲，为人谦和友善。

他不事张扬，沉湎于内心，爱在孤独中叩问自我和领悟世界。

他在复杂纷纭中追求单纯，他于生命成熟时不忘天真。

他知道这个世界曲折复杂，不是五彩缤纷的童话世界，但他依然很纯粹。

他的性格：敏感、理智、内倾和孤立。

他纯粹的甚至有些单纯，一辈子就写诗，其他文学体裁写得很少。

他也敬重和崇仰一切纯粹的人。

在他心目中，诗歌作品的人民性和生活的真实性是统一的，褒扬真善美，批评假恶丑应该是诗人的艺术责任。

开封兰考原县委书记焦裕禄以自己的实际行动为世人树起了一座精神的丰碑，1966 年初在全国上下掀起学习焦裕禄的热潮。

那年的春节假期，他没有休息，趴在书桌上铺开稿纸夜以继日地写啊写，完成了歌颂焦裕禄的长诗《一个纯粹的人的颂歌》。

1966 年 2 月，《人民日报》发表了两个记录焦裕禄的长篇文字，一个是穆青等的长篇通讯《县委书记的榜样——焦裕禄》，另一个便是李瑛的长诗《一个纯粹的人的颂歌》。一篇令人几度落泪的通讯，成为中国新闻史上的不朽名篇。一首饱蘸深情的长诗，成为中国诗歌史上公认的佳作。催人泪下文字，深深地打动了每个中国人的心，焦裕禄的名字和事迹从此传遍大江南北，之后，在全国掀起了学习焦裕禄的热潮，焦裕禄成为一代共产党人尤其是领导干部学习的榜样。

当我们呼唤你的名字/你知道我们的心里/沸腾怎样的激情/那不是你么/波涛里前胸高挺/为治拍天的洪水/你肩负一天雷雨/那不是你么/碱窝上踉跄的身影/为缚住漫野的流沙/你追了多少路程！

一个心里永远装着人民的共产党员的立体形象跃然纸上，这是文学的魅力，是诗歌的艺术魅力，也是焦裕禄作为一个纯粹的共产党员的人格魅力。几十年后，李瑛来到兰考，来到焦裕禄墓前，又写了一首长诗《在焦裕禄墓前》，依然写得那样深情，因为，焦裕禄的无私奉献精神感动着他、感染着他，他含泪写下：

焦裕禄/今天，我来看你/我站在你曾经站过的地方/我走在你曾经走过的土地/在疮痍的斑驳里/我看见花朵下，仍闪着/你的梦，你的汗滴/这是大雨打过的你的油纸伞/这是风沙扯烂的你的棉衣/我用缄默和饮泣/同你谈话，你便安慰我，并/边走边和我谈/做人和写诗。

那一年，李瑛恰好四十岁，四十岁正是男人一生中的黄金阶段。

他是一个好党员、好战士，从大学时代加入地下党，就不忘初心，对党保持绝对忠诚。他是一个好编辑，在《解放军文艺》编辑部编诗歌，努力提携部队基层作者，认真审阅每一篇来稿，对于连队投稿的战士，哪怕那篇诗稿无法发表，他也会以刊物诗歌组的名义写一封短笺，提出指导意见。在战士诗人眼里，他严整的装束、炯炯的目光、谦和的微笑、文雅的谈吐，给大家留下极好印象。他还是一个优秀诗人，这些年无论顺境还是逆境，都没有影响他写诗的激情。

在家里，他努力做爱人满意的丈夫、儿女喜欢的爸爸。女儿已经上中学了，她喜欢爸爸，小时候，她不理会诗是什么，也不了解父亲为什么这么呕心沥血地痴迷于这些分行的文字，但是，她长大了，有些喜欢诗了。

那个酷热的夏季，院子里的丁香花开了谢了，零零散散的枣花还未完全凋零，外面的形势和风声开始起了变化，一场风雨即将来临，敏感的女儿小雨感觉到了，家中父亲存下的许多旧物，对于这个风雨飘摇中的家，可能是毁灭性的。她不得不每天悄悄把父亲出国访问时带回来的东欧各国的纪念章等装满一兜，趁大雾天走到后海，一把一把扔到湖中。

　　湖水的溅落让小雨心惊，她知道这些纪念章的价值，也知道家中那些藏书都是父亲的命根子，那本淡黄色封面的《飘》，是1948年父母订婚的时候，师友们赠送的，扉页上还题着字。那本有着光滑如缎厚纸封面的书也是父亲最喜欢的，她无奈地堆到小车上，推到胡同口的收购站，以三分钱一斤的价格处理掉了。她说：

　　　　过完秤，在回来的路上，我的心又疼痛又麻木……最令我感到对不起父亲的，是在一个阴暗的下午，我烧毁了他珍藏多年的四五本手抄诗集。那是他大学时代写的许多旧作，暗蓝色封面，发黄的厚纸，父亲工整的蓝色的蝇头小字，还配着精美的钢笔插图……我没想到父亲还有这么高的美术天分，这么漂亮的字！记得其中有一本名叫《曲——给艾玲娟》，是父亲写给母亲的爱情诗集，浪漫、忧郁、纯美，如森林中的舞会，这是40年代父亲的"朦胧诗"啊！它使我既感到新鲜，又感到莫名的紧张、慌乱。现在，这该不是"有问题"的东西吧？当我看着火焰渐渐吞噬了父亲工整的字迹时，我似乎已经感觉到无可挽回地做错了什么。

　　那些沉入湖底的，作为废品化为纸浆的，在烈火中化作青烟和灰烬的，便再也找不回来了。坐在空荡荡的房间，李瑛听着女儿喃喃向他诉说，女儿眼中含着泪，李瑛只是沉重地点了点头，一句话也没有说……

即使那些东西留在家中，也是同样的命运，因为留下来的日记本、书信和剪报等，后来都在抄家中去向不明，永远没了下落。

这是他人生中遭遇的最大一场风雨，《解放军文艺》编辑部的工作先是进入无序状态，之后停刊了。他一边被审查，一边居于一隅暗中读完一直未读完的《全唐诗》和大量中外诗歌。

不管外面的世界多么不宁静，他必须给自己的内心营造一个宁静的一尘不染的空间。

那几年，温馨的家已经没有了家的意味。寒冷的冬日里，爱人冯秀娟带着儿子去了河南干校，女儿小雨在家里等待插队，李瑛又回到连队当兵了。临走时，他把两大捆用油布包裹得严严实实的诗稿交给小雨。冷冷的长夜，小雨躺在四壁空空的床上，冥思苦想如何才能保存这两包"秘密文件"。她想到一进门的方砖地。

这老屋的方砖十分结实，又可以撬起来，如果抄家的人来了：势必会站在紧贴门槛的方砖上，环顾四周，绝不会想到脚下的"机关"。我真为我的主意激动！待到月上中天、万籁俱寂时，我翻身下床，用铁铲一点点撬起青砖，挖出深深的湿土，待到把两包稿子放妥，再填土踩实盖上沉沉的青砖，已经过去一个多小时了。记得那夜很冷，我没穿长袖衫，没敢开灯，却干得满头大汗，气喘吁吁，心跳怦怦。

这是《枣林村集》和《红花满山》的手稿，几年后挖出来，由北京人民出版社和人民文学出版社出版。

藏完了诗稿，十八岁的小雨便要到河北老家的农村插队落户了，她按照父亲所期望的，选择了丰润县中门庄公社插队落户，那里是父亲的故乡，也是她的故乡，她从父亲的诗里认识了故乡，现在她要把青春和汗水留在家乡的土地上。

李瑛请了假去长途汽车站送她，看着女儿扛着行李上了车，李瑛默默地站着，一句话也没说。一家人分在了三个地方，之后，李瑛到总后勤部所属的汽车修理厂当兵，调离北京去河南焦作市修武县驻农村的野战部队炮连任副教导员，驻班锻炼。直到1971年底，他才重新回到北京，参加《解放军文艺》编辑部的复刊筹备工作。

李瑛回来了，妻儿回来了，女儿参了军在铁道兵基层单位当卫生员，她也开始写诗，而且发表第一组诗歌《采药行》。

北京的出版社陆续恢复部分出版业务，李瑛从方砖下面挖出他的两部诗稿，再次送到出版社，《枣林村集》和《红花满山》终于出版了。

《解放军文艺》复刊后，李瑛开始组诗歌稿件，许多过去的老朋友又有了联系。郭小川从湖北咸宁的五七干校来信了，信上谈诗歌，也谈自己此时的心绪。

李瑛和郭小川都是能把政治入诗而且写得特色鲜明具有艺术

性的革命诗人，他们的政治抒情诗，站在时代高度，关注国家民族命运，深刻反映现实，他们都有着对革命事业和人生的挚爱，有着正直和率直的品格。

年底，郭小川回京后，李瑛到他家中看望他，两个人进行了一场倾心长谈。

我们无从知道这一次他们都谈了些什么，但是，两位在中国诗坛上重要的诗人，他们嘘寒问暖之后，一定谈了各自的境遇，谈了诗歌，相互鼓励好好写下去。

诗歌是他们的生命。

在李瑛的生命中，不能没有诗。没有诗的世界是难以想象的。他把全部的生命、最深挚的爱都给了诗歌，这个世界也不敢辜负这样的诗人，他的诗情从来就没有枯萎过，有一点儿阳光雨露就茁壮地生长起来。很快，英文版、法文版的《中国文学》都在译载他的诗，日本《每日新闻》也刊出日本九州大学教授秋吉久纪夫研究李瑛诗作的文章。

李瑛注定是为诗歌而生的，而生育他的母亲却在他回到京城不久的1973年初夏病逝了，墙上挂着母亲的遗像，仰望与俯首之间都是疼痛，母亲在世时："当我向她倾诉/埋在心底的苦涩和委屈/她不再唤我的乳名/只凝重地抚着我的白发/并用她抱完柴火之后的衣袖/擦着我缀在胡子上的泪滴/喃喃地轻声说/不要哭，不要哭……"

对母亲最好的回报，便是好好生活，好好写诗。

他又投入到满负荷的工作中。

两个月后，他来到辽阔的呼伦贝尔大草原，来到大兴安岭组稿采访。在呼伦贝尔草原新巴尔虎右旗、满归林场、大兴安岭腹地、敖鲁古雅鄂温克乡、十八站及黑龙江流域爱辉、逊克等地的军营哨所，他一边组稿采访，一边写诗。在爱辉，在高高的瞭望架上，他《瞭望》着祖国神圣的土地："祖国，我生来就是为保卫你，为你，我决心付出最后一滴血！"这是他的心声。

1974 年夏天，与纪鹏一起到内蒙古草原仕巴盟乌力吉公社巴格毛都大队阿拉白音哨所前哨址访问，之后，还访问了伊盟乌审召公社查汉庙大队和位于伊金霍洛的成吉思汗陵；秋季，被派和毛烽、杨喜云一起赴云南写我国西南少数民族友谊团结的诗作，两个多月的时间走遍了云南的山山水水；1975 年又和纪鹏、美编陈亦逊到拉萨以及亚东、乃堆拉山口等地访问。组织采写为抢救落入冰窟的汉族儿童而英勇献身的藏族战士洛桑丹增，约了几个作者创作完成叙事诗《洛桑丹增颂》，在《解放军文艺》上发表后，还出版了单行本。

在那个特殊的年代，诗人的诗作难免留下时代的局限和烙印，李瑛的诗作也是如此。不过，他的诗由于植根战士的生活和内心世界、战士的胸怀和责任是爱国主义，并在艺术上力求做到心灵美与自然美的和谐统一，很少直接触及某些主题，因此，避免了"今日翠绿，明日枯黄"的命运，而葆有长久的艺术生命，显示了他诗歌现实主义的某种胜利。这些诗现在看来，仍有其存在的重要价值。

无尽的一月哀思

1976 年 1 月 8 日的北京，天空布满乌云，天气格外寒冷。

那天是腊八，一个阴郁凄冷的腊八。

那天，深受全国各族人民敬仰和爱戴的周恩来总理逝世了。

听到这个噩耗，李瑛所在的《解放军文艺》编辑部陷入一片悲痛中，人们无心做什么，看着当天报纸上那张周总理的标准照片，他们不由自主泪流满面，李瑛的眼泪也一颗一颗滚落下来。虽然此前曾通过各种渠道得知周总理身患重病住院治疗的信息，但当讣告发出，谁都不愿和不敢相信周总理已经永远离开了全国人民。

11 日，是为周恩来总理送灵的日子。

那天，从下午到晚上，李瑛便一直在长安街为周总理送行的人群中，从天安门广场到长安街，三四个小时的时间，他与大家一起流泪，一起目送灵车缓缓远去。

李瑛相信，这是人类历史上从未见过的最庄严、最动人、最壮丽、最撼人心魄的伟大葬礼。

他想在路边等候迎接周总理的骨灰回来，一直到八点多，夜已经黑沉沉的，才步履沉重地回到家中。到了家感觉到两条腿沉沉的很疲惫，很口渴，却没有一点儿饥饿的感觉，其实他晚上一口饭都没吃。

浑身发冷，他感觉自己有些发烧，便躺在床上，却睡不着，眼前总是浮现下午晚上的一幕又一幕。他在《我是怎样写〈一月的哀思〉的》一文中写道：

> 在这里，我深刻地看见了我们的人民、我们的民族、我们的祖国的伟大形象；在这里，我清楚地看见了人民和领袖的关系表现得多么生动、深刻和具体！我自然也想起总理伟大的一生。特别是想起过去见到总理的一些场景，他的亲切的嘱咐，他的浓俊的眉毛，他的爽朗的笑声……这一切，如今是再也见不到了。

> 第二天，12日。白天一天在办公室，大家没有心情工作，便动手做花圈，有的上街买黑纱，买总理的照片，找有关总理的回忆录来看。晚上回到家里，我想，我必须写诗，写昨天见到的那个伟大的场面，谁曾见过这样的场面啊！这不是真正的诗、真正的好诗么！

那天晚上，在灯下他构思着，只是觉着要写，要写，具体怎么写，没有一个清晰的思路，脑子里十里长街的情景总是挥之不去，激动中进入不了创作状态。他努力让自己安静下来，直到后半夜才有了对这首诗的具体构想。写周总理，必须放在特定的历史背景上，写悼念周总理的诗，长街送灵的场面震撼人心，给他的印象最深，最具特点。他决定要把这首诗写成抒情诗，一首战斗性很强的政治抒情诗，反映出"人民总理人民爱"这个真实的在他心头流动的情感。这种情感是历史的情感，是广大人民群众相通的共有的。

一个重大题材的诗歌，应该创新形式，让它更加动人更加有力量。这首诗注定要写成一首长诗，要写人民的悼念，要写周总理有人格魅力的一生，根据感情的发展，诗歌思想的发展，要一层层循序递进展开深化。形式上要自由体，节奏上要有音乐性和韵律美。

当时，李瑛为这首诗设定了这样一个架构：

第一章 序（突闻噩耗）

第二章 写送灵场面（从生写死——伟大的死）

第三章 写怀追忆（从死写生——不朽的生）

第四章 总理永在（骨灰撒入江河大地，永远和我们在一起）

他觉得，这样写可能比较适应感情发展的逻辑，同时层次也会比较清晰，结构也会比较自然而完整。

13日，白天上了一天班，晚上回到家中，他流着眼泪写出诗歌的开头，

> 我不相信/一九七六年的日历，/会埋着个这样苍白的日子；/我不相信/死亡竟敢和他的生命连在一起；/我不相信/迎风招展的红旗会覆盖他的身躯；/我只相信/即使把他交给火，/也不会垂下辛勤的双臂。//但，千山默哀，万水波

息，／微茫里，却传来无尽的哀乐，／哽咽的汽笛。声音，／这样悲切，却又这样有力，／似飓风掠过大海，／似冷雨抽打大地。／报纸，披着黑纱／电波，浸着泪滴；／每盏灯，都像红肿的眼睛／每颗心，都在哀悼伟大的战士：／回来吧，总理，／我们敬爱的周总理！／中国，怎能没有你！／人民，怎能没有你！／革命，怎能没有你！

这首诗便是《一月的哀思》。

13 日，他急迫地想把这首诗写完，不停地写，一直写到东方发白的拂晓，还是没有把内心要说的话写完，第二天晚上继续写下去，一写又是大半夜。

连续两个晚上，他夜不能寐，每天都是一口气写到天快亮，总有一种必须表达的欲望驱使着他，写下去，写下去。

15 日终于完成前四章并誊清，但是没有题名，也没有正式的结尾，甚至没有仔细润色。他拿给一二好友看过，好友读过都激动地说真好。好好收藏着吧，他把这首诗收藏在抽屉的最深处，把它藏起来。他相信，虽然还不能发表，"总有一天，／它会萌生，／迎着阳光，／长出绿油油、绿油油的／美丽的叶子……"。4 月，丙辰清明，他到天安门广场，看群众悼念总理的悲愤场面和人们所写的诗词，抄录部分诗作。《一月的哀思》和天安门诗歌风潮是同一的历史发声，是合鸣共振的时代旋律。

已经到铁道兵团卫生队当卫生员的女儿小雨那天晚上回家，看见父亲在台灯下伏案整夜不眠地在写作，心生奇怪，因为父亲很久不这样熬夜了，不知有什么灵感让他这样挑灯鏖战。之后的某一日，小雨偶尔拉开抽屉，读到了《一月的哀思》，她在《用诗诠释自己的一生》中写道：

> 当我读到"车队像一条河/缓缓地流在深冬的风里"时，再也忍不住泪水，任它滴落在稿纸上。我当时的第一个念头是，让这首诗快快飞向沉沉的夜空，它肯定会在人们心中活下来的！同时，我又为我的父亲自豪，为诗自豪，我深感父亲坚守着诗的阵地，说出每个中国人的心声，这需要多么大的勇气和信心啊！诗歌是每个人的心，诗歌是会呼吸的思想，这就是诗歌的力量。

《一月的哀思》是最真挚、最深情、最震撼人心的长诗，也标志着李瑛诗歌创作的重大的根本性的转变。从时代的颂歌、战歌而进到对革命人生的历史与哲学思考。

周总理，一生为民族的解放和人民的幸福，鞠躬尽瘁，死而后已。在他的身上，有中华民族几千年的魂魄，他的功绩和作为体现了一个中国共产党人的博大襟怀和崇高的人格品性。他的生平，撼动了整个世界；他的离世，震撼了一个时代。他将世代活在亿万人民的心中，并在中国历史的长卷上放射永不磨灭的光辉。

这首长诗，聚焦于十里长街人们含泪为总理送别的宏大而悲壮的现场：

啊，汽车，扎起白花，

人们，黑纱缠臂。

广场——如此肃穆，

长街——如此沉寂。

残阳如血啊

映着天安门前——

低重的冬云，

半落的红旗……

车队像一条河，

缓缓地流在深冬的风里……

　　而此刻，面对总理的遗体："多少人喊着你，／扑向灵车／多少人跑向你／送上花束和敬礼"。那些送别的人每个人都是："一颗心，一片翻腾的大海，一双眼，一道冲决的大堤。"

　　诗人也站在人群之中，含泪想象着送葬的场景："主会场——九百六十万平方公里的祖国，／分会场，五大洲南北东西""江水沉凝，青山肃立，／万木俯首，星月不移……"这是何等庄严、肃穆、伟大的葬礼。他深情望着那行进的灵车，仿佛碾过了一个世纪：从"迷雾紧锁的重庆"到"风狂雪猛的莫斯科"，从抗美援朝到支援非洲兄弟。总理办公室的灯光几十年彻夜长明，你的身影走遍了祖国大地的工厂、军营和田园。哪里有危难，哪里就有你。你永远为中国人民操劳，也为世界人民尽力。

诗人挥洒笔墨，这样概括总理的精神："这是一副/永不休息的大脑呵/是一滴/熊熊燃烧的血液。"

总理一生持守的就是五个大字"为人民服务"，从初始到终结，贯穿了他整个生命的履历。这是一位伟人的民族品格和时代伦理：

> 总理，敬爱的周总理
>
> 泪眼，看不清你的遗容，
>
> 却只见你胸前
>
> 没有绶带，没有勋章，
>
> 只有一枚
>
> 你长年佩带的徽章，
>
> 像你一颗火热的心，
>
> 跳动，跳动，
>
> 永不停息。

诗中不断重复的诗节："呵，此刻，灵车，/正经过十里长街，/向西，向西……"不仅凝聚了诗的历史时空，而且表达了人们对总理哀思与怀念的绵长。

李瑛的诗歌创作，从自然景物的部队日常生活的描述，转向对重大题材和历史事件的宏大的政治抒情。但他并没有完全因袭政治抒情的传统，做一般的形象铺排和理论论辩，而是把重大的场景与生活细节、浓郁的情感交织、融会起来，做生命哲理的阐发，从而形成形象、情、理完美统一的诗歌范式。

时代的春天，使诗人迎来了他诗歌创作的第二度青春！

写完这首诗之后，他似乎已经倾尽了自己所有的激情和经历，几个月之内都无力再拿起笔写诗。

当年的 11 月下旬，当终于有机会可以拿出这首诗，他小心翼翼地把这首诗重新找出来，他说，捧着诗稿，就像"捧着一件出土的粗糙但却质朴的陶器一样"。再读，依然是难言的酸楚。

诗歌可以发表了，是改成发表时的语气，还是保留当时的感情，经过征求同事朋友的意见，又经过自己几天的深思，他决定不做改动，作为历史的纪念，只是最后加了一章，补在后面。

1977 年 1 月 7 日，这首诗以整版的篇幅发表在《光明日报》上，发表后他曾收到七百多封读者来信，邓颖超委托秘书赵炜要去《一月的哀思》诗稿，看后给他写了一封长信。之后，这首诗经常在朗诵会上朗诵，在电台配乐播放，被收入许多诗集选本，还被选入教科书，并有法文译本出版。他编自己的诗集《难忘的一九七六》时，也把它收了进去。

好诗注定要进入文学史，至今，它一直被传诵着，赢得了异乎寻常的反响，成了李瑛的代表之作。

饱蘸泪水的歌与哭

在中国历史上，1976 年是一个特殊的不平凡的年份。

沉重的日历从 1 月开始，就涂抹上一层悲怆的色彩。

人们还没有从周恩来总理逝世的悲痛中走出来，猝不及防又听到朱老总逝世的噩耗，全国人民又陷入哀伤中。

李瑛在《解放军文艺》杂志当诗歌编辑，曾经编发过朱德的作品，还多次在各种创作座谈会上见过他。1962 年，李瑛参加诗刊社为纪念毛泽东《在延安文艺座谈会上的讲话》发表二十周年在人民大会堂组织的诗歌创作座谈会，朱德、陈毅、郭沫若等出席了会议，朱老总还发了言；1965 年 11 月召开的全国青年业余文学创作积极分子大会，李瑛参加会议，受到周恩来、朱德等党和国家领导人的接见。

朱德是元帅，是党和国家领导人，作为领导中国革命的第一批革命者，他叱咤疆场，为中国人民的解放事业作出了巨大的贡献，对新中国的军队建设和发展有巨大的不可磨灭的功绩。朱德还是诗人，他有热情而真挚的诗人情怀，他的许多诗歌以诗言志，抒革命高尚情怀，将思想性与艺术性巧妙结合。李瑛眼中的朱德平易近人、和蔼可亲，他更像一个战士，他的一生便是一部传奇。

迈着艰难的步子，李瑛去瞻仰朱老总安详的遗客。那天，他写下了长诗《七月的花环》，纪念 1976 年 7 月 6 日这个悲痛的日子：

> 这一天，一朵小小的白花却重过千钧，/这一天，噩耗猝然击碎了八亿颗心；/半年前，黑纱拂落了亿万星斗，/而今，大地是否犹能负载这样多哀痛和悲愤//静默里，人人在抽泣，在悼念，/却为何有人发出狞笑阵阵/战友呵，记住这一天；这风，这云，/历史终会擦干眼泪，在战斗中前进！

朱老总活到了九十岁，在李瑛心目中，这位九十岁的元帅却永远正青春：

> 论年龄，你已战斗了近一个世纪，/可是九十岁了，你的青春像刚刚开始……//像当年峥嵘岁月，炮火连天，/入夜来，萤光闪闪，篝火飘动，银河四溢，/谁不记得：尘土、硝烟和露水，/遍染了你的书页、你的纸、你的笔……

这一年，人们已经惧怕了那低沉的哀乐声，可是刚刚过去了两个月，夏日的暑气还未褪尽，空中又传来声声哀乐。

9 月 9 日下午四点整，中央人民广播电台又传来哀乐声，播音员沉重的声音让人们提心吊胆六神无主，不知道又要出什么大事。

播音员以低沉缓慢的语速播报了毛主席逝世的消息。听闻播报，人们都傻傻的，呆呆的，沉痛的消息让天空大地都陷入窒息。

人们又陷入一场悲痛之中，那一刻，世界似乎停了摆，大家自发停下手中的工作去祭奠毛主席。李瑛是一个从穷孩子走上革命道路的战士，他亲身体验和感受过劳苦百姓受压迫、受剥削的苦难，为了求解放过上幸福生活加入地下党走上革命道路，他对人民领袖感情深厚。所以，在他的生命中，什么都可以忘却，却不能忘记这一年这一天的哀痛，那是一种无法言说痛彻心扉的痛。

李瑛作为首都工农兵和各界群众的一员，来到人民大会堂，吊唁瞻仰毛主席的遗容。

他睁大泪眼瞻仰着毛主席坚毅、安详的遗容，李瑛抑制不住啜泣起来。

晚上回到家，他拿起笔写下了《九月献诗》：

一切都终止了——/车轮，马达，螺旋桨，/一切都停息了——/流云，江海，时钟；/好像又回到洪荒的远古，/仿佛地球也不再转动，/只有紫金山顶的日晷，/还忠实地指着晨昏；/只有颤抖的电波，/在天宇飞腾；/撕心的哀乐，/震颤颗颗星斗；/黑纱，/裹着巨大的苍穹。/难道这是真实的消息/今天，我的呼吸竟这样艰难我的笔竟这样沉重！/但见天安门前——半杆国旗，/垂在我的头顶……/祖国，正伏在它的大厅里，/呼唤一个伟大的姓名：/你，我们敬爱的领袖和导师/毛泽东……

李瑛作为一个革命战士诗人，他的人生命运与毛泽东的人民事业是血肉相连的。因此，他诗中抒发的对领袖无限崇敬和爱戴的感情，是真诚的、深厚的。他的悼念的诗句是饱含着血与泪的歌哭。

李瑛的心情极为沉重，这份沉重，也源于7月28日那场唐山大地震。

唐山，是李瑛的故乡，那个7月，是他一生最难忘的7月。

27日的晚上，似乎是这个夏季最热的一个夜晚，外面一丝风都没有，热得出奇。半夜里，李瑛感到床在轻微晃动，他被惊醒，意识到是地震了，一家人跑到屋外。外面的空地上街道上渐渐聚满惊慌失措的居民。

地震了，东南边的天空闪着蓝紫色的地光，远处传来轰隆隆的地声，大地又开始剧烈摇晃了起来。在恐慌中没人敢回室内，大雨下起来，从早到晚不停歇地下，雨披下雨伞下，是一张张焦灼慌乱和不知所措的面孔，有的人没有雨具，任凭雨水浇着淋着，麻木了一般。

灾难面前所有人都是脆弱的。

很快就传来消息，北京不是震中，这次地震的震中在唐山，那座在北京东南部不远的城市全平了！

李瑛无比震惊，唐山是他的家乡啊！

李瑛告别依然惊魂未定的家人，在震后第三天，就整装出发，直奔唐山。他没想到的是，刚进《诗刊》杂志社工作的女儿李小雨，在地震后第八天也紧步父亲的后尘来到唐山，在故乡的废墟上，父女并肩为伤痛的故乡尽着自己的一份力。

从北京到唐山的道路已经不能畅通，车在被地震破坏的路面上颠簸前行，地面道路、桥梁严重损坏。这是李瑛一生中走过的最艰难的一次返乡之路，沿路到处是震后的景象。临近唐山，路都震没了，铁轨拧成了麻花状，车辆开到市区边沿却开不进城里，过去宽阔的路面徒步行走都艰难。

尽管来之前设想过震后的情景，真的来到这里，眼前的一切还是把李瑛惊呆了，满目疮痍惨不忍睹的景象，不来到这里你是绝对想象不出的。童年记忆中那座城市已经被夷为墟土，视觉中几乎找不到线条清晰的完整房屋，建筑物倒的倒、塌的塌，留下的只有残垣断壁，到处是碎砖、乱石，到处是伤亡人员和废墟，九死一生的幸存者睁大惊恐万状的眼睛，迷茫地守着用杂七杂八被褥包裹着的家人的尸首，空气中弥漫着难闻的味道。一些烂布和纸片在风中战栗着。"我看见／倾斜的危墙上／仍悬垂着一幅全家的照片／我看见／在倾斜的阳台上／仍晾着母亲的衣裙孩子的短裤／我看见／在压挤的断壁缝隙间／鲜红的盆花仍在开放……"

李瑛虽然对这座城市是那样熟悉，却辨不清哪里是以前自己住的地方，那个地方已经再也没有了，再也找不到了。凤凰山的石洞在哪里？陡河岸边童年的脚印在哪里？上学走过的那条瘦瘦的小路在哪里？住过的房子在哪里？曾经的学校和教室在哪里？

他仿佛成了一个无家可归的孤儿。

他想哭，却流不出一滴泪水，在这座荒漠般的城市，也听不到哭泣，甚至看不到泪水，经历了扯心裂肺的痛楚的人们已经哭不出来了，已经失去了哭的力气。

李瑛到过前线，经历过战争死亡，任何一个战场都没有这样惨烈和残酷。

几天后，柔弱的李小雨受《诗刊》杂志社委派也来到这里慰问，写出了《震不倒的红旗》等作品。李瑛却难以进入创作状态，这毁灭的城市把他的记忆也毁灭了，他心痛得无法呼吸，不知道从哪里落笔。在临时搭起的地震棚里，他拿起笔，纸张总会被泪水打湿。

二十年后的唐山地震纪念日，李小雨陪着父亲重回唐山，毁灭的那座城又凤凰涅槃般建起来了，虽然看上去一切都是陌生的崭新的，但是，脚下还是童年那片土地，"就是在这座没有墓志铭的废墟上／一座新城高昂着头站起来……"，站在抗震纪念碑广场，李瑛落了泪，李小雨也哭了。

这次，李瑛写下了长诗《寻找一座城》，发表在《光明日报》上，他面对从废墟上拔起而起的新城深情写道：

现在，我们比任何时候都更懂得／家的含意，祖国的含

意／都更懂得生命的价值以及／社会、时代和旗帜／／忘掉往事
比记住往事更难／我们这个民族。曾一千次／用脊骨测量忧患
与苦难的／深度／今天，把半降的旗升起吧／……高高升起我
们的／圣洁的诗的旗帜。

第六章

我骄傲，我是一棵树

再上南海礁岛

走过阴霾的日子，1978 年一切都似乎顺畅起来。

6 月，李瑛被中国作家协会聘为《诗刊》编委。

7 月，开始担任解放军文艺出版社副社长。

职务升迁了，身上的担子更重了，但是并没有影响他写诗。这么多年，他是诗人，但是他从来没当过专业诗人，他的本职工作是忠诚的战士的工作，李瑛认为："一个诗人的任务就是一个战士的任务，诗人的声音应该是时代的声音。"凭着对诗"始终是怀有近乎宗教信仰般的虔诚和近似疯狂的热情"，他一生都把这个业余爱好当作生命，挤出一点一滴的业余时间写诗。

他从来不睡午觉，那点儿休息时间是用来看书写作的。

晚上一般比别人睡得晚，静静的深夜，是灵感迸发诗情迸发的时段。

如今，当了副社长的李瑛照样很忙碌，忙着采访，忙着组稿。

夏天，他应邀赴驻河北任丘的华北油田访问钻井队并游了白洋淀。

秋季他赴海南岛访问，然后登上西沙群岛，写了一批关于海与岛的诗歌。

海南岛是他战斗过的地方。

1949 年，第四野战军组织大学生随部队南下，李瑛参加南下工作团，以随军记者的身份，冒着枪林弹雨从北京一路南下，转战武汉、江西、广州，后来又参加了进军广西和解放海南岛的渡海作战。

在海南岛，他经受过战火的洗礼。

那一年，他是 5 月渡过琼州海峡上的岛。5 月的海南岛很炎热，阳光猎猎热情得让人受不了，5 月的椰风带着诗情和浪漫，浩浩荡荡从大海深处吹来，吹得天空湛蓝湛蓝，愈发显得这里的阳光比别处明亮。

这一次，李瑛一行 10 月末方从北京出发。

10 月末的北方进入初冬的寒冷，从京城出来时他们已经穿上厚重的冬装，这个季节到南海边，一步便从寒冷的冬季跨入盛夏。

从琼州海峡登上海岛，那个夜晚，住进绿色军营，感受着浪涛和椰风的情韵，不远处是海，能听见海的声音。这个季节，海岛的夜晚不甚炎热，天空挂着一弯下弦月，像一只小小的帆船。

李瑛喜欢大海，喜欢海的博大宽广，喜欢海的纯洁无私，那个夜晚，他写下了《致南海》：

绿色的南海将我召唤，/一千年又一千年；/请原谅，二十世纪我才来看你，/没有花束，只带来一支笔，一夹子

弹。//穿过棕黄色的旷野和平原，/穿过乱山古道，险隘雄
关；/我是粗犷的北方的儿子，/但你仍是我成长的摇篮！//
北方有南海般辽阔的草原呀，/虽然那里没有珊瑚，也没有
珠串；/北方有南海波涛般的群峰呀，/虽然那里没有鱼，也
没有帆。//黄河教会我识别礁、滩、流、漩，/长城教会我
分辨烽烟和炊烟；/感谢你的信任，绿色的南海，/我此来，
愿为保卫你岁岁平安。

李瑛作为一个经历时代风涛的革命战士，他对祖国大陆与海
疆的辽阔和壮美，别具一番更深的感受与体认。在这里，他把自
己一颗拳拳爱国之心投入大海，让它在波飞浪涌中化为珍珠。

在海南榆林军港出海口，矗立着一座灯塔，在恶礁险石之
上，灯塔挺胸昂首顽强地站立着。这个地方是军事禁区，《灯塔》
像一个忠诚卫士："头上，乱云飞卷，雷驰电掣，/天宇塌了，它
越发挺胸昂首；/脚下，怒浪汹涌，奔腾激溅，/大海翻了，它仍
然器宇磅礴。"

在这里，李瑛听到关于灯塔的一个故事。

为了修建这座灯塔，一名战士倒在了这里，倒在了大海上。
在他牺牲的地方，如今，一座灯塔高高屹立，它沐浴着晨曦落
日，远眺南海海面船来船往。

安静的军港之夜，李瑛望着那座灯塔，写下《悼一位修建灯
塔的战士》：

谁说他已倒在海上，/他高举的大路正通向四方——/他问候每一个大洲的每条大道，/他召唤每条大道的车轮飞翔。//于是，我听见一片声音，日夜轰响，/在苍穹，在海面，清晰而又微茫：/星斗说，为了赞美他，我们才夜夜闪光，/浪花说，为了献给他，我们才天天开放！

在海南岛，李瑛走遍了军港哨所，走上军舰在舷板上与海军战士攀谈，在茫茫大雾中雾航登上珊瑚岛。

在这里，他吟诵《南海的花》《海上有一朵云》《海声》："也许从地球诞生的一刻起，/它是大地上的第一声呼啸。//卷着烟，缠着云，裹着雾，/搅着茫茫阔水，/像燃起烛天的蔚蓝的火苗；/这是被冲激的飞涛在咆哮，/这是被摧裂的岩石在咆哮，/这是被撕碎的空气在咆哮……"

他赞美《生命》，赞美那"卷动着风，卷动着云，卷动着日月星宿"的《飘带》，赞美那闪亮闪亮的《珍珠》："你不是陨落的星星，/也不是滑下草尖的露滴，/也不是闪烁的岸边的沙粒。//你是一支歌，/一支生命的歌，/活在大海的涛声里……"

11月初，李瑛从海南榆林基地起程，赴西沙群岛采访海防前哨的官兵。

他离开一座岛，奔赴另一座小岛。从坚实的土地上，又行进在海中，有人说，大海并不意味着阻隔，而是通往远方的道路。军舰在茫茫的大海上行走，那天风浪不大，风很轻，浪很缓，他们乘坐的小舰在海面疾驰，海水湛蓝湛蓝，蓝得那么清、那么静，碧海连天，天海一线，那是李瑛见过的最美的海。迎面看到一个无名小岛，李瑛即兴写下了《赴无名小岛》，风吹过小岛的椰风蕉雨，他能闻到一股蔗甜。这样的小岛，远看是一个小小的黑点，再近一些像一张舒展散落的叶片，与它交臂而过时，它更像漂过来一只只玉盘："南海的无名小岛啊，淳朴又庄严；／知道吗，我们过去曾失落了你，／我到处寻找你，直到今天。"沿途他遇到了很多这样的无名小岛，这些小岛小小的，"却像一个坚强的集体，亲密又团结"。它们也是祖国母亲最爱的儿女。

他们来到海军东岛守备队的营地。

这是一个珊瑚岛，西沙群岛中的第二大岛，面积 1.5 平方公里。

白天，天上飘着洁白的云，白云下面是清澈幽蓝的海，海风阵阵吹过，尘世间的一切喧嚣都被这干净的风吹得无影无踪。站在礁石边，看五颜六色有着天蓝色的鳍，金黄色尾巴，或者有着发光的鳞片，通明的铠甲的鱼儿，还有那些朱红的、淡黄的、墨绿的珊瑚……那些流动的色彩和奇幻的光把小岛装扮得瑰丽多彩。走近沙滩，遥想古远的历史，"这里的沙滩曾晒过汉代渔民的网，这岩缝曾架过唐代水手的锅"。这里有先民留下的遗迹，他来了，来寻访先民的脚印，那年那月的炊烟和鱼香仿佛还留在海风中。

夜晚，岛上星光点点，弯弯的月挂在遥远的天际，忽而觉得离自己很远，忽而又觉得很近。那样的暗夜，这里没有城市灯光的斑驳，坐在海边，听阵阵涛声，想着这漫无涯际的大海该是祖国大陆江河湖泊聚集到了这里，心中便生出无限温暖。今夜，他不但会有快乐的梦，还会梳理思绪，把这岛上体验的一切记录进他的诗里，于是，他写下了《西沙群岛情思》：

今天，在小小的珊瑚岛上，/望着祖国漫无涯际的大海，/忽然看见我曾认识的万千江河和小溪。//那些沉在我的童年的记忆里的——/阴云紧锁的呜咽的江河，/摇着尾巴哭叫母亲的小溪；//那些流过我年轻的心头的——/映着硝烟炮火的雄浑的江河，/饮过我的战马的发光的小溪；//……向东，向西，向北，向南，/极目远海，像平面几何巨大的圆；/茫茫无际的海水，你涌向何处？/朗朗天宇呵，真个是风光无限！//赭黄，淡绿，深青，藏蓝，/闪光的碧水镶着褐色的礁盘；/礁盘上托着洁白的沙粒，/鲜艳的五星红旗在碧空招展。

西沙群岛海防前哨上，守岛战士坚守岗位，守护着祖国的南大门。

这次采访，李瑛到了很多岛屿：永兴岛、金银岛、广金岛、上石岛、中建岛等西沙群岛，大小不一，星罗棋布，在战士们心中，它们都是拼在母亲颈卜的美丽珠串，都是祖国脉搏跳动的音符。

这一次，李瑛还登上了琛航岛。琛航岛的形状很奇特，它中部凹陷，四周沙堤包绕着岛屿，呈现出一个弯曲的三角形。这是一座有故事的岛屿，这座历史上本就属于中国领土的小岛过去没有正式名字，清朝末年，担任两广总督的张人骏奉命筹办西沙群岛事务处，查勘西沙诸岛屿，广东水师提督李准率队分乘中国海军"伏波""琛航"两舰前往西沙，将各岛重新命名，并竖旗立碑以向中外宣示主权。琛航舰来到位于永乐环礁里的这座小岛，把它命名为琛航岛。

七十年前，河北省丰润县人张人骏在这里竖旗立碑宣示中国主权。

七十年后，另一个河北省丰润县人李瑛登上西沙群岛，到这里采访慰问。

两广总督张人骏是大齐坨村人，是作家张爱玲父亲的堂兄，张爱玲叫他"二大爷"。李瑛的故乡是丰润县西欢坨村，两地相距十七公里，他们是真正的丰润老乡。

在这个名叫琛航岛的小岛上，还有一个悲壮的故事。1974 年西沙海战中，十几位中国军人英勇牺牲，为了捍卫祖国神圣领土，他们长眠在南海上。五年过去了，驻岛官兵从来没有忘记过他们，他们永远是驻扎在这个海岛上的一员，不论新兵上岛，还是干部换班，即使遇上重大节日，他们都会到烈士墓前去祭奠，每一艘靠泊琛航岛码头的舰艇，每一个上岛的人，也会自发去祭拜这些殉国将士。

这里没有土，牺牲的战友们就被埋在用礁石堆成的坟墓下边。

李瑛来看望他们，写下一首《献给琛航岛的十三颗星》慰藉他们的英灵：

你们最后的呐喊，仍像雷阵轰响，/你们血染海涛，似流火飞腾。/骄傲吧，祖国，这就是你的儿子，/英风浩气，难道不是人类的光荣！/古老的西沙，古老的祖国，我听见她们说，/岁月滔滔，一代人的生命终究有限；/年轻的西沙，年轻的祖国，我听见她们说，/这些勇敢的生命，却赢得了永恒！//……我不是在墓前，而是在战壕里写下这首诗，/写它，不是用笔，而是用火，用风。

　　多年后，李瑛深情回忆起琛航岛："1974年，我们在南海跟越南海军打了一仗，牺牲了十三位战士。西沙群岛上没有泥土，没有淡水，只有黑色的礁石、白色的珊瑚沙。1978年我到琛航岛埋葬这些英灵的烈士陵园，战士遗体只能用礁石和珊瑚沙掩埋。"

　　李瑛是带着战争的记忆和历史的情绪造访南海的，除了步移景换、触景感发之外，他还面对整个大海，抒写历史与现实、生命与人生的省思和感悟。他写了一首长诗《海》。此诗视点高远而宏阔，先从太空望大海，那不过是一点"幽蓝"。因而相对"茫茫天宇"，地球就是"一滴水"，然而正是地球、地球上的海，却献给宇宙以"伟大的生命"。然后，置身地球，投身大海，探寻生命的奥秘。诗人写道，大海，既"广阔"又"渺小"，既"寂静得可怕"，寂静中又充满"抗争和呼号"；有时是"和谐的，自然而完整"，但和谐中又"满含矛盾和冲突"；这里有"情意缠绵的追逐"，也有"凶残的厮杀和咆哮"，这里有"比城池更坚的盾"，还有"比雪刃更利的矛"；这里"到处是火线"，"到处都有攻占和溃逃"……矛盾，冲突，单调与繁杂，寂灭与诞生，不停地运动，不断地更新，这就是大海庄严而雄浑的生命力的所在。其实，大海的奥秘就是社会历史的奥秘，就是人生的奥秘，在这里，"自然史"成了"社会史"的象征，波飞浪涌成了复杂现实的写照，因此，诗人才最终从大海的飞涛中领悟了人生的"哲学原则和力量"：

> 学习大海吧，
> 即使它的微小的每一滴水珠，
> 在澎湃的洪涛中，
> 也始终是那样充满活力，
> 怀着一个伟大的理想
> 日夜不息地唱着歌……

这首诗，情感柔婉而澎湃，气势恢宏而沉郁。它使我们想起了郭小川《望星空》的思绪、《致大海》的情韵。它们都表现了诗人崇高的意向和博大的灵魂。只不过由于时代变迁的原因，李瑛的诗不同于郭小川的乐观、豪迈，而显得凝重而悲慨。

李瑛将关于海和岛的那些诗歌，集为《南海》，1982年1月由上海文艺出版社出版，这些诗歌运用了内向的审美思维方式和现代性的话语修辞。胡乔木住院期间读到他的这本诗集，还给他写了一封长信，着重就诗歌语言问题交流意见。

燃烧的战场与一块木化石

从西沙回到北京，已是年末。

1979 年 1 月，诗刊社在北京西苑饭店召开全国诗歌创作座谈会，这次座谈会是新中国成立以来第一次全国大型诗歌座谈会。

李瑛挟一股南海咸咸的海风，风尘仆仆来到会场，遇见一些很多年没见过面的诗坛老友，老友重逢，喜悦激动之余，便是感叹。上一次全国诗歌创作座谈会的时候，他们还是青葱岁月，如今都不再年轻。会上，时任中央宣传部长的胡耀邦到会讲话，艾青、臧克家做了长篇发言。

会议从 1 月 14 日开到 20 日，快要闭幕的时候，有人在墙上贴出一张建议设立"中国诗歌节"的呼吁书。

中国诗人的激情被点燃了，他们都感觉到，诗歌的春天马上就要到来了。

会议刚结束不久，在南疆，中越边境自卫反击战打响了。中国人民解放军边防部队对在中越边境挑衅和入侵的越南军队进行的自卫反击作战。

自从穿上这身军装，李瑛走上过许多硝烟弥漫的战场，这一次，他也没有缺席。2 月，战斗刚打响，他便带上《解放军文艺》编辑部的编辑，奔赴云南边境进行采访。

来到等待冲锋的战壕，冲锋之前暂时是安静的，南方的夜晚，《在堑壕里》，"夜，浓重的雾气像蒙蒙细雨，／淋湿了群山，淋湿了阵地，／淋湿了枯藤和野芭蕉阔大的叶子……"。远处，能听到有枪炮声隐隐传来。

他走到年轻战士们身边，听着他们在轻声交谈。

这是一群年轻的的士兵，青春快乐开朗向上，几天前还是笑声朗朗的少年，为了保家卫国，走上硝烟弥漫的最前沿。交谈中，他们每个人都有一份美好的理想，每一个人都有一份对未来的憧憬和期望，

当来到阵地，他们就懂得了战争的严峻和残酷，面对死亡，他们没有惧怕，没有胆怯。这底气来自于他们的背后有一个强大的祖国，敌人的挑衅，终究会被我们战胜。他们每个人怀里抱紧自己的枪，正如李瑛的诗歌《一个战士对他的枪说》里面所描述的，他们对手中的枪有着特殊的感情：

你是我人生的教科书，你是我最好的乐器，你是我冷静的理智和炽烈的感情，／你是我的胜利的营地。／／在黑夜与黎明之间，／在高山与江河之间，／在经线和纬线的交叉点上，／我们找到了自己神圣的位置。／／我有那么多年轻的梦、年轻的期冀，／我有那么多秘密想悄悄告诉你；／怀着士兵的忠诚向你许诺，／我要把心的钥匙交给你。／／……在你学会唱缠绵的情歌之前，／我们该先唱一支歌：它叫《胜利》！

在这些年轻可爱的战士中，有一位满脸稚气文质彬彬的战士，他的背囊沉甸甸的，战友们说，这里面装着一件宝贝。

原来，这是一名大学生新兵，他参军前在大学里是学地质勘探的，他觉得部队是大学生锻造成才的好地方，便告别校园，穿上军装，从大学迈进充满激情与热血的军营。

他身上，还带着大学生的儒雅和新兵的羞涩，看到他，李瑛仿佛看到了三十年前从北京大学参军南下的自己，他很喜欢这个大学生士兵，便与他攀谈起来。

大学生士兵从背囊里取出一块沉甸甸的黑色石头给李瑛看，旁边的战友们说，这便是大学生士兵的那件宝贝。

李瑛接过那块石头，石头比拳头略大一些，看起来确实跟山上一般的石头不一样，乍一看像一块灰黑色的木头，放在手里沉沉的有些份量，那质感明明就是一块石头，却有木头的纹理。

大学生士兵说，这是一块木化石，也叫硅化木，它保留了树木的木质结构和纹理，是大自然留给人类不可再得的远古瑰宝。它对研究亿万年地质变迁，古代地球物理以及生物物种都有价值。这块木化石是他前不久行军捡回来的，一直背在行囊中。

李瑛把石头还给大学生士兵，能看出来，这是一个热爱地质事业的年轻人，这块石头在他眼里确实是宝贝。

大学生士兵把木化石又小心翼翼放进自己的行囊中，脸上带着纯真的笑靥。

很快，前沿的枪炮声又激烈起来，战士们又有新的战斗任务了。

出发前，大学生士兵又从背囊里把那块木化石掏出来，郑重地交到李瑛手上，托付他替他保管一下："麻烦您先替我保管着吧，等打完仗，我就接着搞地质，好好研究它。"

李瑛接过那块木化石，这一次，这块石头的份量愈发沉重，这是年轻战友对自己的信任，手中的石头是温热的，还带着大学生士兵的体温。

李瑛答应下来，告诉他：等下了战场，一定要找他来取。

战斗结束了，却一直没见那位大学生士兵来取他的木化石。

又一次战斗结束了，还是没看到那个年轻的大学生战士的身影。

李瑛问他的战友，战友含着眼泪说，大学生士兵回不来了。

是的，他再也没有回来，再也没有回来取这块木化石，他倒在了战场上。

李瑛从前线回北京的时候，把这块石头带回了家，放进自己的书柜中，抬眼即见。每当看到这块木化石，便能想起那张还带着稚气的可爱的青春的笑脸。这块木化石，成了对越自卫反击战参战士兵永远的纪念。

"我永远不会忘记那一双双动人、明亮的眼睛和一颗颗美好的心灵"。李瑛每每回忆起他接触过的那些战士们，就觉得自己应当为他们去写，把他们写进诗中，把那一个个"山一样的生命，树一样的生命，河流一样的生命，泥土一样的生命，子弹一样的生命"写成诗。

在一一九高地，他写下《歌英雄李成文》。战斗中，已经挂了彩的爆破组长李成文不顾伤痛继续冲杀，毅然托起炸药包，不惜生命把敌人的堡垒炸掉，他是新一代的董存瑞和黄继光。

在蒙自，他写下《歌英雄李启》。李启，一个二十岁只有五十天军龄的年轻战士，他越过一道道火墙，一边匍匐一边射击，为我们的突击排从侧翼冲上阵地争取时间。"他承担了全部痛苦和牺牲，为把敌人的炮火引向自己"，用自己的牺牲，换来我们的胜利。

在文山，他写下《歌一名机枪手》。为了掩护战友冲锋，机枪手在两颗子弹打穿肩胛的情况下，依然坚持射击，"随着枪托的震动，汩汩的血喷涌不断，/呵，殷红的沸腾的血：染红枪托，凝聚地面。"直到最后血流尽，他依然伏在机枪上，大睁着双眼。

在坝洒，他写下《歌一名喷火手》。他背着喷火枪，难忍的高温中潜伏在嶙峋的山坡上，面前，一座座敌堡喷着火舌阻挡着战友们冲锋的路。我们的喷火手霍地冲出去，浑身一团火喷出惊雷怒电，将敌堡的铁石烧成一摊灰末，这样的战士"我看，授予他太阳般大的勋章也不为过！"

许多英雄，甚至不知道他们的姓名。

他们牺牲在战场上，倒在了遥远南疆的茅草丛中。

他哀悼一个十八岁的小战士，写下《花·挽歌》，细雨蒙蒙的云南屏边松林中，大家为这个十八岁的生命举行了一个朴素的葬礼："听见吗？祖国的/每一块石头都感谢他，/每一株小麦都感谢他；/感谢他，每天小溪的/每一滴水珠，/感谢他，每棵大树的/每一片叶子……"

李瑛是一个战士，他几乎走遍了前线的每一个阵地，住过许多潮湿的猫耳洞，那些诗便是他窝在猫耳洞里写成的。

他的诗成为鼓舞战士们卫国杀敌的精神力量：广西某部队战斗英雄、一等功荣立者刘勇，1978 年入伍，1979 年随部队参加了对越自卫反击作战，他很喜欢李瑛的诗，特别是那首《关于生命》，他把里面的诗句抄在一个笔记本上，揣在怀里。战斗打响了，刘勇怀揣抄录着那首《关于生命》诗句的笔记本，呐喊着向敌人冲去，他在战斗中勇敢机智，杀敌立功，成为一名战斗英雄。是的，这就是诗歌的力量！后来，《广西日报》报道了这件事，李瑛知道后激动不已，"他感谢战士，也更坚定了在生活中创作的决心"。

1979 年 3 月 16 日，中国人民解放军广西、云南边防部队从越南全部撤离完毕，回到中国境内，李瑛也回到祖国。

在前线半个月的时间里，李瑛冒着炮火爬山越岭采访每一个阵地，每一个前线指挥所，他和战士们一样住猫耳洞，吃压缩饼干，满身满脸的黄尘，鞋袜半月未脱，等要脱下来的时候，才发现袜子已经粘住脚板，衬衣一遍又一遍被汗水浸透，浑身上下已经发酸。当初来的时候稻秧还是一片嫩绿，要离开了，眼中已是桃花满天。他的那首写于云南洞坪的《回到祖国》，写出了诗人面对祖国大好河山的一片深情。眼中不再是弥漫的硝烟、鲜血、死亡，和平的岁月多么静好啊："我又听见了你村寨的声声鸡啼，/又闻见了你乡野气息的炊烟，/小麦，甘蔗，酝酿着生活的甘甜……"

每一次参战，都让李瑛更加深深地热爱伟大的祖国，正如那首《我重新认识了祖国》所写的：

　　　　在七十年代的最后一个春天，/在南方，在战场上，/我重新认识了祖国——/认识了给我们无敌的力量、/给我们纯洁的鲜血、/给我们忠诚的肝胆和豪情、/以及给我们至高无上的荣耀/和永垂不朽的胜利的/祖国——我的亲爱的祖国！

　　在云南边境采访组稿编稿，先后工作了四个月，直到7月初，李瑛才回到北京。

　　此时，老父亲已经到了生命的弥留之际，或许，他一直在等待，等待着能见上大儿子一面。7月9日，父亲病逝，李瑛含泪写道："怎么都摇不醒他，父亲走了，我的泪变成石头。"李瑛陷入巨大的悲痛中，坐在父亲住过的房间，坐在他坐过的椅子上，落寞悲凄。他没来得及从丧父的悲痛中走出来，三天后，又应邀和曹禺一起出访瑞士。

　　半年的时间，看过那么多的死亡，战场上无数战友的离去，父亲的离去，李瑛的心情很沉重，那一年他的诗歌也带着沉重。

　　虽然离开了战场，李瑛总也忘不了对越自卫反击燃烧的战场上，那些曾经一起战斗生活，倒在枪林弹雨之中的战友。他陆陆续续又写了《一把火线的泥土》《胶林风雨》《歌法卡山》等反映对越自卫反击的诗歌。

　　1984年10月，过完国庆节，李瑛陪着已经离开工作岗位仍始终关心军事文学的刘白羽来到老山、者阴山，采访那里的战士，看望坚守在那里的军旅作家们。

他们先来到昆明，军区司令员劝年近七十的刘白羽不要上山了，刘白羽笑着说：我这人命大，在朝鲜战场上吉普车翻了都没有死。

抗美援朝那个漆黑的夜晚遭遇敌机轰炸的那一幕，又浮现在李瑛脑海中。在硝烟弥漫中，他和刘白羽从炸翻的吉普车中爬出来，九死一生，他们从来没有畏惧过胆怯过，如今，这两位老搭档又出现在老山前线。

刘白羽真的老了，李瑛也年近六旬，但是，他们的生命就像身上那绿色的军装，永远褪不去青春的颜色。

坐着直升机，先来到麻粟坡拜谒了烈士陵园，然后去老山，毕竟年岁都不小了，他们沿路小心翼翼不敢走偏一步，因为不知道哪里会有地雷。来到山顶坑道时，已是汗流浃背气喘吁吁。见到了前沿阵地的战士们，对他们进行采访之后，李瑛和刘白羽没有停下来，继续沿着弯曲的堑壕，走到者阴山顶。

李瑛在《怀白羽》一文中记录了那天的经历：

　　白羽同志和我各拿起一架望远镜，眺望着远远近近。眼前鹰击蓝天，脚下绿林掩映。但这里绝不是宁静的地方，仔细搜寻，就可看见那遍布四处的弹坑，那炸开的崖壁，那坍塌的废墟，以及不时从哪里响起一声尖利的枪响，寂静里为你讲述着这里发生的一切。

一路走，一路写，这是李瑛从年轻就养成的创作习惯，他拿起笔，利用休息的空闲时间记录下老山前线前沿阵地的一幕幕。

10月10日，在麻粟坡拜谒了烈士陵园后，他写下了《信》："当这封信送到前沿，收信人已被葬进陵园；虽然黄土已把他深深埋掩，却仍能听见他带血的呼唤。"

10月11日，在云南扣林山阵地，他写下《胜利者的雕像》，在云南落水洞，写下《感谢》，在云南边防前线指挥部，写下《画眉鸟》。

他的每一首诗都在思考，他的每一首诗都是永恒的历史。

2014年，李瑛在接受《解放军报》记者采访的时候，说道："见到过一个饱经磨难的古老民族奋起推翻旧世界的悲壮场面，看到过火线上战士即将投入殊死厮杀的动人心魄的豪情，我怎能不思考：在大时代里，个人与祖国、民族的命运，是怎样紧紧地联系在一起的？"

他在自卫反击战战场采访，写于猫耳洞的许多诗，后来收录到了广东人民出版社出版的《在燃烧的战场》等诗集中。《在燃烧的战场》后来获解放军总政治部"保卫边疆英雄赞"征文作品一等奖，解放军总政治部颁发的首届"中国人民解放军文艺奖"一等奖。

一棵树扎根在中国大地

1980 年 5 月，李瑛在《诗刊》第五期发表了《我骄傲，我是一棵树》。

这首诗，实现了他诗歌艺术的巨大转型，从客观描述转化到整体象征。诗人以树为主体意象，通过想象和联想，倾诉自己挚爱祖国的人生追求、社会理想，型塑自己挺拔伟岸的人格风骨。

> 我骄傲，
>
> 我是一棵树。
>
> 我是长在黄河岸边的一棵树，
>
> 我是长在长城脚下的一棵树；
>
> 我能讲许多许多的故事，
>
> 我能唱许多许多支歌。
>
> 山教育我昂首屹立，
>
> 我便矢志坚强不移；
>
> 海教育我坦荡磅礴，
>
> 我便永远正直生活；
>
> 条条光线，颗颗露珠，

赋予我美的心灵。

熊熊炎阳，茫茫风雪，

铸就了我斗争的品格。

"我骄傲，我是一棵树"，为什么值得骄傲？因为"我"生长在黄河岸边、长城脚下，身上流动着民族传统的生命汁液。它不再是李瑛过去诗歌中的小树，不仅挡风沙，而且把自己坚韧而柔嫩的手伸向社会和人间，他肩负着人类赋予他的使命和责任。六次重复主语"我"，突出了"我"是"一棵树"的形象主体。这棵树生长在中国土地上，这是一棵带着民族自豪感的大树，高山、大海的教育，阳光雨露的滋养以及炎阳、风雪的铸就，让他伟岸挺拔、刚正坚韧。这棵树，是"广阔田野的一部分，大自然的一部分"，"和美是一个整体"，"属于人民，属于历史"，"我"和人民是血与肉的关系。所以，他竭尽自己之所能去为人类造福："我"要使"孩子"幸福、"老人"欢乐、青年男女相爱，我要使每一个人都有"宁静的梦"，我要守护大自然的生存，我要为人们酿造甜蜜的生活，为改变不幸的命运而尽力。诗人通过想象，把"树"塑造成为一个高尚的人，创造了一个献身人类的新的艺术形象。

诗中写道：

我相信，

总有一天，

我将再也看不见——

饿得发蓝的眼睛，

卖血之后的苍白的嘴唇，

抽泣时的颤动的肩膀，以及

浮肿得变形的腿、脚和胳膊。

诗中用身体的有代表意义的部位借代世界各地受苦受难的人民。即使"我"这棵树倒下了，生命的欢乐与悲哀，事业的成功与失败，都将刻入记忆的"年轮"，作为"我"对"大地的感谢"，而且还要让自己"尽快地变成煤炭"，以献给世界，"纯洁的光，炽烈的热"！这是一种怎样情满天下，高耸入云的生命品格?!

诗人这首诗，"感物吟志""托物咏怀"，以物为人格的写照和象征。其艺术构成是主客观的交融，并在交融中把物性转化为人性。这里转换的幅度是很大的，它于不粘不滞中，使物虚幻化、普泛化，加大了主观情致的抒写，拓展了诗人的精神境界。此诗，标志了诗人个人主体性巍然屹立！

这首诗，意境优美，细节生动，整体与部分圆融，读起来朗朗上口，所以，常常作为诗歌朗诵的选择篇目，后又被选入中学语文课本。

为什么要写一棵树？李瑛在他的文章《关于〈我骄傲，我是一棵树〉》中给出了答案。李瑛说：

我喜爱山川草木，因为山川草木哺育了我和我的诗的生命。无论谁都会有这样的体验，当你乘车远行，会看到大凡有树的地方总有村庄和人家，他们的房屋掩映在树丛之中；或者说，凡是有村庄和人居住的地方，总会有树木，人和树如此紧密地偎依着，一起生活，一起成长，已经很难考查究竟树和村庄谁是更早的存在者了……很难设想如果始终没有树木存在人们该怎样生存发展……也很难设想，如果大自然中没有树木，世界将是一个怎样的世界！

　　他每逢乘飞机远行，总要透过舷窗俯瞰大地，那纵横的林带，葱郁的林海，让他感慨万千。他到过四川西北的原始老林，到过福建武夷山林区，到过东北大兴安岭深处的林场，也到过云南澜沧江的原始老林。那些雄浑苍莽的北国针叶林，那些蓊郁葱茏的亚热带雨林，那些能叫出名字不能叫出名字的树，总能让他感觉到树的庄严肃穆，他走近它们的树干，总感觉能听到它们心脏跳动、血液流淌的声音。

　　树也是有生命的，树也是有感情的。

　　它们骄傲地站在自己的位置，不知疲倦地站着，几十年，上百年，甚至一千年，不畏风霜，不挑剔脚下的环境，坚强地站着。

　　李瑛永远都不会忘记，当年自己徒步行军，烈日炎炎的夏季，长途跋涉，是路边一棵棵树替他遮荫。在边防哨所，换防的时候，他都要栽下一棵小树，不知道当年他栽种的那些小树如今是否长成了参天大树。

树木质朴的性格，甘于奉献的精神，感动着他，也鼓舞着他。

他就是想通过树的形象，袒露自己的情怀，他"称赞圣洁的单纯和自然的质朴，无论细腻的温情还是野性与放肆"。写一棵树，实际是写一个人，这个人，是一个革命战士，是一个有灵魂的革命者。

后来，这首长诗由江苏人民出版社出版了单行本。获中国作家协会全国优秀诗集评奖一等奖。

单行本诗集便是以《我骄傲，我是一棵树》作为书名，并以这首长诗打头，书中收录了李瑛同期创作的一些诗歌。分为"今天""战士""瑞士之旅"三个章节。

书中的另一首诗《石头》，也是经典之作。

《石头》与《我骄傲，我是一棵树》一样，也是一首创造性地运用象征手法写成的诗篇。

诗的开头劈头就问"石头是什么凝成？什么凝成？"：

> 石头是什么凝成？什么凝成？/汗和泪，搅拌着思想和感情；/当然，它有血液，血在流淌，/当然，它有心脏，心在跳动。//不要说它没有大脑和经络，/没有喉咙和眼睛，/因此便没有知觉，没有梦，/没有生命的温度和热情。

一波三折顿挫分明的诗句，借助于不平凡的话语形式表达了不平凡的思想感情，也使读诗的人不由自主继续读下去，从诗中寻找关于石头的答案："亿万年了，谁比它有更多的记忆，/它呀，始终在思考，在注视，在倾听""因此，石头才这般坚硬，这般坚硬，/郁积的是无数雷雨、雪暴、狂风。"

人们读懂了，石头是历史，石头是天地洪荒中大自然的杰作，它在熔岩横流、大火弥天中获得新生，所以，"它是人间的精英，宇宙的精英"，所以，"它如此古老却又如此年轻"。

古老与现代，毁灭与新生，"它是质朴的，但却晶莹，/它是崇高的，但却普通，/它是冰冷的，却藏着火的种子/它埋葬了死者，又孕育出新生命！"一块普通的冰冷的石头，李瑛赋予了它高远的寓意，这象征不落俗套，不但写出了诗意，还写出了历史的厚度，厚重而不失空灵，苍茫而不失婉转，丰满而不失生动。

这本诗集出版后，立即受到读者们欢迎。

1987 年 5 月，诗人由中国青年出版社出版了一部诗集《青春祝福》。这部诗集收入了以《我骄傲，我是一棵树》为中心的二十一首讴歌青春、理想、生命的作品。为了年轻一代，诗人以诚挚之心和哲理智慧，献上了一束诗的祝福之花。

那段时间，李瑛的职务有了变化，1980 年 12 月，被任命代解放军文艺出版社党委书记，第二年 6 月，任解放军文艺出版社社长兼党委书记。1982 年 8 月，调中国人民解放军总政治部文化部任副部长兼党委书记。1985 年 2 月任总政治部文化部部长兼党委书记。

作为诗人，他出席了中国文学艺术工作者第四次代表大会，并在中国作家协会第三次代表大会上当选为中国作家协会理事、青年工作委员会委员。中国作家协会第四次代表大会上当选为理事、主席团委员。创作委员会诗歌组成员、军事文学委员会委员。

职务在变,他战士的本色没变,诗人的身份没变。

为了繁荣军事文化事业,他奔波忙碌着,忙碌之余,却从来没有放下诗歌创作,组诗《献给扬子江》,长诗《中国农民的起飞》、长诗《北京·腾飞的开始》,大型组诗《这就是今天的中国》等,都紧贴时代脉搏的跳动。

除了扎根中国大地,他还积极参加对外文化交流活动,1982年9月,随冯牧为团长的中国作家代表团赴美出席在洛杉矶召开的中美作家会议。与美国诗人艾伦·金斯堡、加里·斯奈德等交流诗歌创作,一个月的时间内,走访了美国洛杉矶、好莱坞、芝加哥、华盛顿、密西西比河、瓦尔登湖等诸多地方,创作了大型组诗《美国之旅》。

这次出行收获满满,却也留下了一个令他终生难以释怀的遗憾。

在美国,他收到许多朋友赠送的李瑛诗作英文译本,还有许多刊登李瑛诗作译文的刊物,以及刊登有评论李瑛诗作文章的书刊,因为时间匆忙,这些书刊他都没来得及细看,便想着回到国内有了时间再慢慢看。

书刊太多太沉重,行李箱根本装不下,便想着装箱托运回国。

箱子托运出去，却没了踪影。

他回到国内，望眼欲穿地等着那个装有许多珍贵书刊的箱子，就是等不来。

虽然多方查询，最终还是没能找到，书刊全部丢失了。

多梦的西高原

1987 年，李瑛六十一岁。

这一年秋天，他来到山西太原发射基地参观火箭发射，并到部队采访。

之后，去了晋陕交界的黄土高原乡村访问。

参观完导弹基地，李瑛写下了《荒原：神话》："不是神话——/竹简布帛上的神话早已腐烂//正是神话——/他们穿越苍穹，敢射日补天……"，用诗歌颂祖国的导弹航天事业，歌颂一群年轻的科学家对我国导弹航天事业的杰出贡献，这首诗写出了"两手撕开长空"的气势。

走出发射基地，来到晋西北黄土高原。

晋西北，深秋的风很强劲，迷途的狂风吹走了雁群，只留下粘在枯草荒丛上的片片羽毛，还有低吟的蟋蟀声与匆匆而行的蜥蜴、沙狐……李瑛的《晋西北印象》是："浑厚、粗犷的北方/每片颤动的笛膜/都在倾诉生活的艰辛和寂寥。"

但是，这里也有别样的温馨，比如，巧手女人们绣的布老虎和样式古朴的围裙；比如，她们腕上项间那拙朴的沉甸甸的银手镯、银链子；比如，当地乡民餐桌上那甜甜的红枣，黏黏的黄糕。这里也有原生态的豪放，比如，比太阳还圆的铜锣和大钹；比如，比太阳还红的牛皮鼓；比如，高亢嘹亮的唢呐曲子。

历尽沧桑的西部古高原，是中华民族的摇篮和故乡，是李瑛魂牵梦绕的地方。他说，他对西北地区自然怀有一种特殊亲切的感情。

李瑛在诗歌《到北方》中写道："为了要在诗中加一些泥土/我来到这里/为了要在诗中加一些干草的气息/我来到这里。"

正是秋高气爽的日子，夕阳西下，残阳寂寞地照在黄土坡上，照在远处的窑洞，空气中带着丝丝苦涩，目及之处，黄土陡峭的崖壁、荒草起伏的高地、倾斜干涸的河滩、被染成了土黄色的鹅卵石和砂砾、空中远去的雁阵，构成一幅黄土高原的水墨画。那幅画显得很古朴，好像是穿越历史时空铺展在那里，千百年来，就这样铺陈着。突然，他眼前一亮，一团火焰点燃在已经渐渐暗下去的田野，那是远处窑洞前的一堆火，火焰"像一朵怒放的牡丹/照耀着沉思的/历史、未来、天空和大地"。那是希望，那是温暖，那也是李瑛诗中的警语。

是的，他热爱黄土地，他喜欢它含蓄沉默的性格，经过冲刷、埋葬、积累，黄土地才成熟为今天这磅礴精壮的模样。他在《黄土地》中写道："你听见风雨的声音了吗/你听见日月滑行星斗陨落的声音了吗/它显示一种沉郁的力量/力量是美。"

这里，是远离大海的地方，与海的距离那样遥远，这里只有黄土，黄土，黄土，层层叠叠的黄土。但是，在这《远离大海的地方》："有生命的黄土铸成了东方魂，有生命的黄土镌刻着古文明。"在柴烟缭绕的小村庄，在崎岖的土路上，和赶羊老汉拉拉家常，在灯光点点的窑洞里，吃着大娘做的黄米年糕，他觉得，这是他这辈子吃过的最黏最香的黄糕。

在这里，他看到了雁门关。位于山西省忻州市代县县城北部的雁门关，离李瑛这次去的太原发射基地不远，这个长城的重要关隘在雁门山中，被誉为"中华第一关"，有"天下九塞，雁门为首"之说，与宁武关、偏关合称为"外三关"。李瑛从小在山海关一带长大，见过长城最东部的关隘山海关，这一次来到雁门关，走过崇山峻岭，来到千里雄关，曾经的刀枪剑影，烽火狼烟早已没了踪迹。站在关隘之上，遥想古远的年代，在历史的漩涡中的雁门关，有多少历史故事与这关口扯不断理还乱。今天，李瑛来了，来到《雁门关寻古》："我在门洞凹凸的石板路上踟蹰/千年磨亮的石板和斑驳的四壁/回响着我脚步的声音/像走进历史深处/我感到孤寂和恐惧……。"

在这里，他来到恒山悬空寺，一座国内现存的唯一的佛、道、儒三教合一的独特寺庙。峭壁之间，寺庙如临深渊的险峻，近六百年的光阴流逝，这座建于北魏后期的古寺——《悬空寺》，就这样"飘摇在风中，沉浮在云里"像"一片云影，一株古木，一丛野花，一根鹰羽"。

在这里，他看到一个青铜制作的武士俑，便把它买下来，千里迢迢背回了家，放到自己的书桌上。站在书桌上的不仅仅是一个青铜制作的武士俑，这里站着一个民族万古不变的精神。他为它写了一首诗《武士俑》：

而此刻、你站在我的书桌上/站在我和历史之间/只有案头的小钟/嘀嗒嘀嗒地走着说/"我认识你"/……也许有一天，夜半/骤然响起征战的鼓声/狼烟卷起枯蓬千里/你会立即跃起/披盔戴甲，疾驰而去/比箭更锋利/我相信你是忠勇的/相信你会重新找到自己的位置

　　<u>在这里</u>，他看到了<u>黄河</u>。这里的黄河与下游的黄河不一样，这是一条奔腾不息的河，是一条雄浑的河，是一条震撼人心的河，这条《黄河》："但见一千个疯狂的月亮在浪尖腾跃/一万点星斗飞进爆炸。""大地在震颤中铺出一条/崎岖坎坷的艰辛的路/这是一个民族匍匐的路。"这条河充满了民族苦难，充满了历史。

　　坐在黄土高坡，看黄河上空的日头缓缓落山，火红的落日把浑浊的河水染出红彤彤的色彩，不由想起唐代王维的诗句：大漠孤烟直，长河落日圆。太阳在西方的天际慢慢地坠落，黄河依然在奔腾不息滚滚流向远方，浑圆的日头落下地平线，深沉地坠入河中，沉入奔腾咆哮的河水中，它们混为一体，混成一首绚丽的雄浑的荡气回肠的歌。

　　那首《黄河落日》，写出了悲壮，写出了中华民族的灵魂。

　　　等了五千年

　　　才见到这庄严的一刻

　　　在染红一座座黄土塬之后

　　　太阳，风风火火

望一眼涛涌的漩涡

终于落下了

辉煌的、凝重的

沉入滚滚浊波

中华民族五千年的历史文化，五千年的艰辛历程，当代中国的正在崛起，黄河落日"沉入滚滚的浊波"，告别昨天，江河大地将迎来新的光明，新的明天，新的希望。

"淡了帆影，远了渔歌"，深沉的黄土高原以及那树、那陡峭的土壁、那匆匆飞过的雄鹰、那有些枯黄的野草都沉默无声，只有绛红的黄河的波涛在翻卷，在惊心动魄地响彻中华大地。

辛勤地跋涉了一天的太阳

坐在大河上回忆走过的路

历史已成废墟

草滩，爝火

峥嵘的山，固执的

裸露着筋络和骨骼

黄土层沉积着古东方

一个英雄民族的史诗和传说

黄河落日，不仅映现了大自然的雄伟壮阔之美，而且流淌着中华民族不朽的精神、意志和魂魄。

《黄河落日》收入中学课本，成为经典教材。

李瑛这些写于黄土高原的诗，把自然风情融入人生的思考，热情赞美普通人和山水草木中蕴藏的强劲生命力，激励人们在艰难岁月中始终怀抱积极的生活理想和人生态度。比如从《窗花》中，我们欣喜地看到无论在任何艰苦的环境下，人们都不会放弃对美的不懈追求；在《唢呐》里，我们听到激昂苍凉的旋律，并从中领略到那昂立于北方辽阔大地上的"黄土魂"；在《野酸枣树》《鹰》等作品里，则由衷地赞叹这些生命在艰苦险恶的生存境遇中迸发出来的不屈的意志、反抗的精神，以及百折不挠的顽强生命力。

他深爱黄土高原，也深爱着帕米尔高原，深爱着大西北那片古老苍茫辽阔的土地。这是中华民族的生命根脉所在。

1989 年春天，李瑛访问了新疆乌鲁木齐、吐鲁番的葡萄沟、古墓群、火焰山及高昌、交河故城等地。

他在《〈多梦的西高原〉自序》中写道：

> 新疆，我觉得这里可能是一片更接近自然的大陆，像整个宇宙磅礴的生命都袒露在你面前：浩瀚的沙海，粗犷的戈壁，巍峨触天的雪岭冰峰。这里是盘羊、雪鸡和蜥蜴的世袭领地，在漫无涯际和人迹罕至的地方，在肃穆和深沉中，却跃动着生命的无限活力。

从北京飞乌鲁木齐，一下飞机，"当穿天蓝色制服的女服务员把人们送出机舱和大厅"，走在新疆的土地上，李瑛就在感慨中写了一首《写在乌鲁木齐机场》。

听过无数次《达坂城的姑娘》这首歌，当走进达坂城，却看不见西瓜，也找不到马车，他在《达坂城》中写道：

> 几堵白灰粉刷的墙壁/几缕土屋顶上的炊烟/三个姑娘卖煮蛋，两个老汉卖馕/裹着黄尘的汽车歇歇脚又走开/你的生活是寂寞的/手鼓停了，琴弦断了/只有歌留下来。

在美丽的阿尔泰牧场，毡房外，成群的牛羊悠闲自在地游荡着，毡房里哈萨克老妈妈煮着香醇的奶茶。走进毡房，与他们攀谈着，喝着热情的哈族老妈妈端上来的奶茶，倾听老牧人用古老的冬不拉如醉如痴地弹奏着优美的乐曲。李瑛的诗情被他们点燃，一首《阿尔泰变奏》，写出粗犷磅礴充满野性的生命躁动。一首《阿尔泰姑娘》，写出骏马之上那些年轻矫健的女子们，她们有着动人、炽烈、撼人心魄的青春之美。一首《布尔津郊野印象》，写出匍匐在风沙里正在崛起的那片土地。

苍茫中的特克斯，李瑛顺路搭乘过维族老汉克里木的小毛驴车，老汉赶着驴车刚送走到城里上学的女儿。《苍茫里》留下拉车驴子的身影：它"只是天真而执著地走着/四只蹄子轻盈地敲打着砂砾的大道/像翻动历史教科书和/二十世纪的边塞诗"。《深情》中，把赶驴车老汉克里木写得生动形象："抖动的胡子像倔强的草根，深陷的眼睛却发出明亮的光。"

那个 4 月，李瑛"在高昌和交河故城的颓垣残壁之间，像鱼一样游弋，谛听历史的回声"。他把许多感悟写在《四月》里："高昌的古太阳落下未再升起/狂热已经冷却/被大地哺育又埋葬了的一颗颗心/已变成石头或红柳站立在云烟深处。"

夕阳里，李瑛攀上一座古塔，俯视苍莽的大地。炎炎烈日，走过太阳下的《火焰山》，山峰上"烧红了怒涌的云，奔驰的雷电/烧红了全部亦裸裸的时间和空间"。

他还来到楼兰，写下一首优美婉转的《楼兰》，在风沙的漩涡里，它像花一样凋谢了两千年前的故事，谜一样沉默着。

他去看《胡杨林》，遇上一位维吾尔族老汉，老汉说："胡杨林是苦命树，可它至少能活三千年，长着不死一千年，死后不倒一千年，倒地不腐一千年……"

原始的戈壁滩上，他吟诵一首《大戈壁》，暮色里《在戈壁滩行进》，去思考"历史的艰辛，生命的倔强"。远处，走过一支长长的驼队，听那《驼铃》："可是两千年前/被清冷的月光漂过/被粗糙的沙石打磨过/被华丽的丝绸照亮过/被荒原篝火映红过的铃声。"在茫茫戈壁，最常见的却是《沙蒿》："那细细的、弯曲的/比金属还强健的根/能穿裂石块、穿透大地/能缝合裂罅和断层/甚至大峡谷"从它们身上，能看到勇敢自信和巨大的精神力量以及深邃的思想。

李瑛的诗歌前期多运用写景、记事与抒情的话语方式，随着生活阅历、人生体验和创作视野的变化，创作意趣开始下沉，趋于内心的理性观照。这样，外在的大自然、古迹、现实就在主观意识的浸染中，其梦幻意象便凸显出了历史的厚重、哲学的高度和美学的辉光，从而，形成了雄浑、柔婉、凝重、旷远的艺术风致！

这些采访新疆和晋陕一带黄土地所写的以西北高原为题材的诗，被结集为《多梦的西高原》，1991 年 8 月由中国文联出版公司出版。

第七章

诗 坛 常 青 树

在生命的黄昏中发光

1988 年国庆前夕，不到六十二岁的李瑛提出离职申请，他请求把解放军总政文化部部长的位置，让给比他年轻的同志，他退下来从事创作。

他不再是我军高级文化领导干部了，但他依然是中国文联领导成员，中国作家协会主席团委员。

11 月 8 日—12 日召开的中国文学艺术界联合会第五次全国代表大会上，他当选为全国委员及执行副主席。

离休之后，他谢绝了太多的社会活动和浮泛的应酬，可以踏踏实实做自己的事情，可以有更多的时间读书、写作和思考了。

过去，他只有写诗、读书两个业余爱好。

他平时不抽烟，不喝酒，不打麻将，不跳舞。

离休了，他依然只有这两个爱好，当然，除了写诗、读书，他有了一些喝茶的时光。半生的军旅生涯，使他的生活非常有规律，过得像钟表的指针那样有条不紊。

刚离休的那段时间，他的日子是这样过的：清晨，当新的一天第一道曙光刚刚升起的时候，他准时起床，洗漱、晨练，然后吃早饭。早饭之后，煮上一壶茶，细斟慢饮，他开始看报纸，读杂志、写诗，有时还会回复一些朋友的来信。春节临近的时候，还应邀为老作家李芒的日文译本《山头火并佳句选译》写了名为《一个人的世界》的序言。从这个序言，便能看出，李瑛的诗歌视阈不断拓展，他不但对中国古典、现代的诗学进行过深入研究，对外国传统和现代诗也有研究，甚至他的诗歌也受到了外国诗歌的影响。那篇序言写得很有艺术感，他对日本诗歌中"留白"的描述，给读者留下过深刻印象：

　　说来奇怪，我在每每阅读日本短歌、俳句时，总觉得许多日本诗人都很善于运用绘画中的"留白"技法，使之以无胜有、以虚寓实。在作品中，虽然只作极少的细致的点染，而留出极富魅力的"艺术空白"，成为读者驰骋想象的天地，极大地丰富和补充了作品的意境和气氛，从而产生深长的韵味和强烈的艺术效果。

　　读李瑛的诗论，像读一首诗，别有一种美，里面蕴含着他的思绪，他对诗歌的深刻思考。他的许多诗歌评论，都与他的诗歌一样，善于聚焦特点，以少总多，对诗歌艺术有独到见解。

　　李瑛的妻子冯秀娟在《世界文学》工作，曾任编辑部主任、编委，如今也离休了。儿女们都有了自己的生活，儿子是一名军人，女儿李小雨则是有名的诗人。李瑛也有了孙子、外孙女两个隔辈人，若是换作别人，便真的彻底退归家中，什么都不做了。

　　但是，他的本色是诗人和战士，他终究离不开火热的生活，离不开他的诗。

他说:"一个落后于生活的诗人,犹如一名掉队落伍的士兵。"

他只在家安安静静过了一个春节,北方的春天还未真正到来,他便出发了,去了新疆乌鲁木齐、吐鲁番的葡萄沟、古墓群、火焰山及高昌、交河故城等地,写下了《多梦的西高原》中与新疆有关的那些诗歌。

从新疆归来后,稍作休整,他又率团访问民主德国,参观柏林,后到科特普斯市和德累斯顿、魏玛参观歌德纪念馆、歌德博物馆、歌德别墅,访问布痕瓦尔德集中营以及莱比锡市、布莱希特故居等地。

1989 年 6 月 15 日,是李瑛生命中一个难忘的日子,他获得了中央军委授予的胜利功勋荣誉章。

胜利功勋荣誉章是中央军委授予中国人民解放军在 1945 年 9 月 3 日—1949 年 9 月 30 日期间入伍或参加革命工作的离职休养干部的荣誉证章。手捧着金光闪闪的勋章,轻轻抚摸着勋章正面的天安门和旗海图案,李瑛回想着自己四十年的军旅生涯。这四十年,走过枪林弹雨,到过抗美援朝战场,到过祖国天南地北的无数边疆哨所,有过欢乐有过坎坷,但是在任何情况下他都相信党,热爱人民军队,他的理想信念从来没有动摇过,从参加中国人民解放军他就写诗,一直坚持写下去,四十年如一日,歌颂祖国、歌颂人民军队、歌颂人民,这枚闪光的勋章便是对他最好的褒奖。

细细盘算着离休后的悠闲时光,他开始为自己做计划,虽然不再工作了，但不能让自己闲下来，闲下来，便真地老了。

他积极参与各种文学艺术活动。

那年9月，接到《诗刊》社举办"郭小川七十诞辰纪念会"的邀请函，李瑛提前开始认认真真写发言稿，他在稿纸上一字一句工工整整写下了题为《一条路、一条激流滚滚的大江》的稿子，并作了大会发言。

他是认真的，他是诚恳的，他对所有的朋友都满腔热忱。

那年10月1日，是共和国四十岁的生日，他写下了长诗《放在长城上的一束野菊花》发表在《光明日报》：

祖国啊，现在

让我采一束带露的野菊

把它和我的诗一起

放在长城上

请接受吧亲爱的祖国

这是我献给你的

献给你的一片永世不渝的

爱情

你看，一座古老的沧桑的万里长城，一束鲜嫩的带露的野菊花，传统与现代、古老与新生，互相映衬，谱写了一曲诗人对祖国的深情恋歌。

他忙起来了，他又忙起来了。

忙起来，才是真正的李瑛。

他确实不善言辞，但是，他一生不是靠说而是靠干，实实在在地干，实实在在地执着于自己对诗的追求，绝不停下前行的脚步。

1990年5月，李瑛离开家，奔赴南昌参加"滕王阁笔会"。

走进南昌，李瑛思绪万千，战争年代，他曾因为追赶队伍来到过南昌市郊，在一个贫穷的小村庄一户贫寒的老妈妈家里休息过一夜，望着远方的南昌城里的灯光，却与南昌擦肩而过。这次来到南昌这座英雄的城市，参观了巍峨、瑰丽、端庄、典雅的滕王阁，到了云雾缭绕的庐山。活动结束，李瑛邀冯牧、邹荻帆等几位朋友一起去了瑞金。

去瑞金，是李瑛渴望很久的心愿。

他怀着无比尊敬和虔诚的感情选择去那个地方，他说，"因为我知道那里的人民和土地对我们祖国及其伟大事业作出过怎样的贡献和牺牲"。

这一次，他们从井冈山路过，司机说，从这条路上去，前面就是井冈山。

李瑛默默望着屹立在一片绿云里的井冈山，三十七年前的春天，他来过，不知道今天的井冈山旧貌换新颜变成了什么样子，听着远远近近的鸡鸣和隐隐约约传来的山乡建设的声音，他浮想联翩，写下《过井冈山》。

经过井冈山，来到"曾在蔓草荒烟中闪耀着光芒/而今又在太阳朗照的中国大地/高高地昂首挺立"的瑞金。

在瑞金革命纪念馆，伫立在文物史料陈列柜前，面对一把已经满身斑驳的大刀，他陷入沉思，那把《大刀》"是党史的一个片段"："那天，我走过它躺着的柜橱/轻轻一喊，它仿佛/挣扎着要跳起来/前去杀敌。"还有那些《红军标语》："时间使许多语言都风化了/只有这句话活着/旺盛的生命和血浆/注满蓬勃的青春/成为一片历史风景。"

他们来到叶坪革命旧址群，这位于乱山丛边的遥远的小山村，是中华苏维埃共和国的诞生地，是中国革命的摇篮。走过村东头的红军广场，遥想当年那个被写入中国革命史的夜晚，红军队伍齐聚这里，在松明火把和马灯照耀下举办庄严的阅兵典礼。在共和国临时中央政府旧址，在"一苏大会"旧址，简陋的房舍前，五月的暖风吹过，古樟树上嫩绿的新叶焕发着勃勃朝气。李瑛在那里写下了《烈士纪念塔》《叶坪》："时间流过，静静地/沉积在那里，成为文物，那/褐色的简陋的木桌，那/红土布的镰刀铁锤的旗帜，那/打了灰绑腿的云，那/无数次复苏的老樟树的叶子和/无数支足以自豪的歌。"

这里，红军时代注入的红色基因，已经渗透进人们骨子里。在这片土地上，随处都能听到曲调熟悉的革命歌曲，那天在沙洲坝，他隐约听到了一曲熟悉的山歌，有人在唱，却看不见是谁，他默默《听歌》："当年，没有丝弦，没有琴键/我们的父亲和母亲/只用掺着血丝的歌/扯着烈火的歌/流着甜蜜的亲情的歌/喂养那个饥饿的年代和/他们苦难的后生。"

为了革命，这里有多少母亲把自己最疼爱的儿子送上战场，

"在一缕炊烟底下，/在一架灯盏底下"，她们用盐、野菜、热腾腾的红薯，滋养战士的生命，这便是《母亲》。在革命老区，流传着许多动人的故事，他听到了《草鞋的故事》，老妈妈打了一双双草鞋，送红军战士出征，干裂的滴血的手指，垫着战士的脚掌穿越历史，如今，老妈妈已经安睡在墓中，"老妈妈，今天我来到你墓前，/把一束远方的花献给你"。

流连于革命老区的山山水水，马上要回北京了，淳朴的乡亲们来送他，此情此景，让他联想起当年红军要远行的时候，在村头小路上，那些父老乡亲也是这样把我们的红军队伍送出村庄。回到北京的家中，他写下《记忆里的一次离别》："深夜，红军走向远方/串串离别的泪珠/挂在家家茅檐下/等太阳出来把它们晒干/当作粮食，珍重地收藏起来/成为力量。"

从赣南回来，他坐不住了，他不想这样在家中安坐着度过余下的晚年时光，作为一名中国诗人，李瑛在《山草青青》自序中说，"要深入了解我们这个历经沧桑的民族和我们的国家，要了解它的昨天、今天和明天"，应该到峰峦叠嶂的山里去，到老区去，到人民中去。

于是，他在家住了二十天，又出发了，这一次是去河南大别山革命老区。

这里是大别山，他在《山草青青》自序中写道："青山巍巍，流水滔滔，一千年、一万年，山始终不动声色地屹立着，水总是会不舍昼夜地奔流，但是它们身边却留下点点人类生息繁衍抗争的痕迹。"

新县，在鄂豫两省交接处，位于大别山腹地，当年鄂豫皖苏区首府便在这个地方，走出了红四方面军、红二十五军、红二十八军三支红军主力，有"红色首府、将军故里"之称。在大别山深处，"今天，我来到乱山漩涡里为的是看风中搏动的旗帜/是怎样升起的，为的是/寻找我生命最简单的含意/好让人们知道自己的经历"。这首《在乱山漩涡里》写于大别山新县，写于乱山漩涡里。在这块曾经浸满鲜血的土地上，有许多已经写入革命史的故事，在新县箭厂河乡的一个土坡前的一块稻田，被人们称作"红田"，这块土地上，六十多年前麻黄起义失败后的那个寒冬，有三百多位革命者在这里英雄就义，烈士鲜血染红这方热土，这些烈士中最小的刚刚十六岁，最大的七十五岁。李瑛含泪写道："我来到这个罪恶的地方/仍听见乱枪射杀/庄严的太阳/刚打开日记本，殷殷鲜血/便浸红了纸张。"

　　在大别山，他写下了《父亲》《弹洞》《茶》《历史的回声》《写在八角寨林场》等一系列诗歌。

　　那年的初冬季节，李瑛又与邵燕祥等几个朋友一起走进太行山。

　　纵贯河北西部的巍峨太行山，是中国革命的红色脊梁。它群峰壁立、气势恢弘、历史厚重，李瑛一行到这里缅怀先辈，追寻红色记忆，感悟太行精神。

　　这里的人民是贫穷的，但是在国家和民族危亡的历史关头，那些贫穷、淳朴、善良、诚实的燕赵儿女凭着不怕牺牲、艰苦奋斗、无私奉献的太行精神，养育了革命队伍。

11 月的太行山，没有了夏季郁郁葱葱的硬朗险峻，霜染太行，多了些绚丽多彩的妩媚和柔和。在山上，经常能看到一棵棵野菜，这些野菜曾经是根据地军民的口粮。在李瑛眼里，这些野菜比什么花都美。"我把它唤作母亲/因为它曾给我/深沉的爱"，这便是《野菜》。

这里，漫山遍野的红高粱，根系像利爪守卫着大地，看到这《红高粱》，让他"想起一位穿灰土布军装的将军/他啾啾的马嘶震颤长城和黄河"。

还有那《红红的山楂果》："像山区母亲深情地叮咛/那只只紫红得发亮的小果子/酸酸的，甜甜的/憨厚而质朴/一颗颗——一颗颗/是真正北中国的大地之血。"

李瑛在《山草青青》自序中说：

在访问中，我心头不时燃起如火的诗情。我的历尽劫难的祖国，我的饱经忧患的人民，既然我感受到他们的痛苦，分享了他们的幸福和欢乐；既然他们给了我构思诗歌的冲动和纯厚的感情……并给了我持久的灵感，我就有责任歌唱他们的尊严和向往，传达他们的愿望和呼声。

李瑛笔下情不自禁流泻出的这样文字："总是力求使我的每一首诗乃至这本书从它的第一行到最后一行，都激荡着我不渝的真情。"这些写老区人民的诗篇集成了一本《山草青青》，1992年由四川文艺出版社出版。

1991 年 5 月，李瑛去桂林参加全国诗歌座谈会，后又访问了云南。1992 年由华艺出版社出版诗集《睡着的山和醒着的河》，内容有"漓江的微笑""红土地之恋"和侧重写家乡河北的"长城日出"等三辑。"写祖国大好河山"在历史变迁中焕发和演绎出的壮美的奇光异彩，表现了诗人对祖国的深沉爱恋。

坐着汽车去拉萨

1994 年，也是李瑛忙碌的一年。

4 月，接待日本作家水上勉来访。

5 月底 6 月初，到重庆采访。乘船过三峡，到武汉访问。

那次游历三峡，同行的有《人民日报》的李舫，她在一篇回忆文章中写道：

李瑛爱干净，那次游历三峡工程，大坝工地尘土飞扬、泥水飞溅，可他但凡身上、鞋上有一点脏污，便立即用纸巾揩干，不留一点污渍，这些细节令我印象深刻。李瑛的诗句中，同样没有一丁点儿的污淖。七十余年执着的写作生涯中，他留下了无数动人的诗卷，无数传诵的诗行，其中都是明媚、灿烂、热烈、坚韧，即便遭遇苦痛和灾难，在他的笔下，所有的悲苦也会化作绵长的勇气和不绝的力量。

7 月底，在解放军总后勤部政治部作家咏慷的陪同下，到青藏高原采风。咏慷在他的散文《和诗人李瑛一路叩访青海》中，把这一路的行程记录下来。李瑛对咏慷说："全国三十余个省、市、自治区，我都去过了，只有这片土地没有走过。眼看岁月不饶人，我已年过花甲，临近古稀，此番不走，还待何时？"

先从北京到西安，火车票不好买，他们只买到了硬卧车票，李瑛从来不介意硬卧还是软卧，当年跟着南下工作团去战斗，他们经常是没有车没有马，靠着两条腿跋涉也采访到那么多一手材料。

他宽慰陈咏慷："我们都是当兵的，有卧铺不就很好了吗？"

在熙熙攘攘的火车站，女儿和女婿把李瑛送上车，对于年近古稀的老父亲去高原之地，看得出女儿有些不放心，但是，李瑛兴致很高。此行，他又可以去高原哨所去和那里的战士们近距离接触了，他脸上洋溢着笑意，像年轻的时候每次到边疆哨所去采访一样，他自信满满。

他还不老，他还是战士。

每次出行，他都会有很大的收获，都会写出一组好诗，他不是旅行者，他是用心去感悟生活，拥抱大自然，正如他说的："我的每一首诗，都是生活的慷慨赠予。"

从北京到西安，再从西安乘坐飞机到西宁。

这座青藏高原上的城市，在黛蓝色山影的背景下，安静而有民族特色，街上时常能见到三三两两身着民族服装的人，提醒着从远处来到这里的人们，这个地方已经是祖国的西部边疆。

那个黄昏，李瑛特地去了城郊的西北名刹塔尔寺，不是为了泛泛的游览，而是去寻找历史艺术遗踪。夕阳照在寺院鎏金的瓦殿金顶上，照在白色如意塔尖上，一排经幡在晚风中猎猎飘舞，殿内光线已经有些昏暗，酥油灯忽闪着火苗，炎热的日子里面的有些幽微的神秘。李瑛在《塔尔寺的黄昏》感慨："无论血汗，无论泪水/都不能不使人心悸，分明有/一种信念/一种力量/一种精神/渗进石头和青铜/穿过时空，直达/一个遥远的世界，聆听/人类灵魂深处的/倾诉和絮语。"

在西宁，他们听着火箭军司令员介绍关于脚下这块土地的故事，指战员们挑战生命极限，基地十几位高级干部因高原反应而不幸早逝，但是却没人退缩，因为肩上的光荣使命，也因为他们深爱着这个高原。李瑛听了，一定要亲自去高原牧场看看，他要到那里寻找诗，寻找绿色生命。

他们乘上两辆北京越野吉普车，向牧场进发，那挺拔的身姿，谁能看出，这是一个六十八岁的老人。

群山雪峰从车窗掠过，草滩从车窗掠过，野生的种植的林带从车窗掠过。

车子喘息着登上一个小山包，鲜艳的红旗飘在风中，那里，是一个小小的哨所。哨所真的很小，只有一排简朴的平房。

身穿绿军装的战士们集合到一起，报数，算在一起只有五六名。他们的肤色都黑黑的，模样淳朴可爱，李瑛感动于他们身上的那身绿军装，这是他这辈子最爱的颜色，也是他最爱的服装。

走进战士们的宿舍，简陋但干净整洁，一台电视，一个书架，书架上却摆着李瑛的那本《我骄傲，我是一棵树》的诗集。

在这偏远的高原哨所看到这本书，李瑛的心中有自豪也有感动，感谢这些战士们喜欢自己的作品，自己的书能走上这小小的书架，说明他的诗很受战士们喜爱，让他和这些战士的距离一下子拉得更近了。咏慷在《诗魂·师魂》一文中记下了那一幕，那天，李瑛兴奋地说："和战士们在一起，我不相信自己的青春已经逝去。"

那天，他和战士们谈诗歌，谈理想，谈未来，为他们挥毫题字留念，此时的他不是诗人，不是老人，他是一名青藏高原小小哨所的战士。

那天，他们还去了高原牧场上一个骑兵连，骑上骏马飒爽英姿，如果不是霜染的鬓发，谁会知道他已年近古稀。

离开高原哨所，向高原的更深处格尔木进发。

经过青海湖，望着大片大片油菜花镶嵌中的那湛蓝湛蓝的湖水，那比梦更蓝，比幻想更蓝的湖水，那些日子，李瑛写下《黄菜花》《在鸬鹚岛》《鸟岛的鸟》和《青海湖之恋》："终于听到梦里的声音/波涛温情地拍打着湖岸/发出金属的喧响//终于看到你圣洁的眸子/闪动着忧郁的目光/惹人怜爱地望着我。"

李瑛经青海湖、格尔木到敦煌参观，然后沿着青藏线，到雪水河、纳赤台、西大滩、昆仑山口、五道梁、沱沱河、雁石坪、唐古拉山口、安多、黑河、当雄等地进行采访，最后抵达拉萨。

在格尔木，他写下《写在格尔木烈士陵园》，怀念长眠在那里的战友：

这里没有泥土埋葬你们/只有粗糙的沙碛和石子/只有迷茫的风雪/在没有花/在没有蝴蝶、蜜蜂和小鸟的荒原上/只有苦湿的云/……战友呵，我/沿着你们铺就的路走来/听了一路你们/诉说的梦想和渴望/我把泪滴在芦苇上/让它的根把我的崇敬带给你/我知道/是你们跳荡的脉搏/使前进的大西北/不住地颤动。

在大柴旦兵站，眼前是白茫茫的盐的世界，他写下了《盐湖》《过盐桥》："黄色的波光涌动在地平线/沉重的，凝滞的/淹没了整个空间/连同那轮飞火的太阳的脸//掠过的风凝成了盐/荡过的云凝成了盐/瘦瘠的野草叶片上缀着盐/大乌鸦沙哑的叫声滴下了盐。"

李瑛不顾年岁大和高原反应，坐着汽车颠簸在青藏高原，一路上睁大好奇的眼睛，不放过路边每一个景色，即使是一棵野豆秧。

车窗外是漫无涯际的荒滩，景色几乎一成不变，没有树，也看不到人踪，在黄色的地平线上，那些单调的电线杆和落在电线上的小鸟，也让人觉得格外亲切。

走过的地方看不出有多高，但是却至少要在海拔 4000 米以上，车停下来小憩一下，就能感觉到急促的心跳，毕竟年岁大了，不服老还是不行。

就在这个被强烈的风蚀作用造成的斑驳的旷滩上，在布满坚硬砂砾的荒原上：

忽然，在脚下沙碛缝隙间，我发现一棵野豆秧，不错，真是一棵野豆秧，孤零零地生长在那儿，这使我大为惊异，这样的地方竟有这样的生命……我实在无法找到这样的生命能在这样的地方存在的理由，但它却长大了。真是一个奇迹！我想，这偶然的机缘，可是我和美的一次真正的邂逅！在这么浩瀚的荒滩上，有谁知道它呢，这个奇怪的勇敢的生命，这个顽强的生命之美，立即激起我心灵强烈的震撼。

2005 年 12 月 20 日发表在《人民日报》上的散文《一棵野豆秧》，记录下了那棵高原精灵顽强的生命力，它有顽强不屈的信念，在贫瘠的环境中，它挣扎着长大，李瑛为它非同寻常的生命值和品格魅力所震撼，虽然过去了十多年，他依然忘不了那棵顽强生长的小生命。除了这篇散文，他还为这顽强的野豆秧写过一首诗《野豆荚》，他的那篇散文的语言靠描绘，而这首诗的语言更重表现，更凝练。这棵野豆秧，也是李瑛自己的精神写照，一个年近古稀的老人，用他旺盛的生命活力，奔走在青藏高原上，边走边写诗，他不也是一株顽强的野豆秧吗？

在昆仑山口的夜晚，他的目光穿越山头牧民的经幡，看到了一轮圣洁的月亮，那是《雪山上的月亮》，它高冷，皎洁，远远望去，像悬挂在积雪的顶峰之上，像站在岁月之外，俯瞰人间。那里"只有月光流泻的喧响/如雨，如波涛，如飞瀑"。那诗情，那优美的诗句，应该属于二八少年，只是，二八少年哪有对人生这么深的感悟。

在青藏线五道梁，他们遇到几个养路工，这是青藏公路上最艰苦、最脆弱的路段。这里环境恶劣，一天可以体验春夏秋冬四个季节。养路工人们在路上工作，平均每天要经历两场以上雨雪。李瑛他们停下来，与养路工攀谈。这些工人，不会说豪言壮语，但是，他们的生命与这条路连在一起，当看到各种车辆安安全全从这里驶过，便是他们最大的快乐。李瑛拿起笔，写下了《青藏线养路工》，他不知道他们的姓名，不知道他们是谁，然而"没有谁比他们更了解/这条路通向何方"。

8月6日，他们来到沱沱河。

这应该是李瑛最想去的地方，这里是长江的源头。他的生命中，与长江有着不解之缘，他在武汉的江边看过长江的日出日落，他在长江入海口小小哨所的信号台上，打过旗语和灯光，他"烟雨中，看你千涛竞起/落日下，跃动着一片金光"。在这里，他如同回到了故乡。面对浑浊的，怒吼的波浪，他吟咏《从沱沱河寄扬子江》《在三江源头的地方》《沱沱河》："而今，我来到你的源头/探询混沌大地和万古漠荒/了解时间的流逝认识生命和死亡。"面对这里的星空，他吟咏《沱沱河的星星》："城市遗失很久的星星/原来都集聚到了沱沱河……//只要你伸出手/去摘或者去捞/都会满怀闪闪熠熠。"

8月6日，他们来到青藏公路边的唐古拉山口兵站。

在这座矗立在世界屋脊的兵站，他们停下来。

兵站建在这里，是为在青藏线上执行运输任务的青藏兵站部的官兵提供食宿、训练等卫勤保障，同时也为途径此地的兄弟单位的官兵提供相应支援。经过艰难的长途跋涉，看到兵站上飘扬的五星红旗，他们有了一种回家的感觉。

在荒凉的高原上，缺氧，气压低，物资运输难，但是，当疲惫的汽车兵走到这里，虽然只是普通的一顿饭食，立即便热血升腾，因为这里给了他们精神和心灵的慰藉。院子里，战士们养了一条狗，在旷远的荒野中，远远地，就能听见它的叫声，鸡犬相闻的地方，便是故乡，听见这叫声，让人觉得亲。每当有远方的汽车兵到来，这条狗听见车队的响声，它就会兴奋地窜到公路边摇着尾巴去迎接，把战士们迎进兵站，它高兴地在战士们的脚下蹭来蹭去。战士们要走了，它还会悄悄流泪。李瑛在兵站写下的那首《兵站的狗》，把荒原中兵站带给汽车兵的温暖和感情用这种形式表达出来。"把荒原还给人间的/是它的叫声……//我攀上唐古拉山五千四百米高的路面/俯首回望/仍感到它的真情"。把荒原还给人间的，是唐古拉山兵站官兵风雪无阻的坚守，在恶劣环境中，他们尽心竭力地为青藏线上官兵提供卫勤保障。

一路走，他们遇到了许多令人难忘的瞬间。

昆仑山口的夜晚刚刚落下帷幕，在钻探队员的帐篷里，美妙的琴声让寂寥、忧郁、痛苦的荒凉世界顿时消融。

可可西里的蛮荒世界，《过山口》，铁青色饿狼成群结队，嗥叫着从他们的汽车旁边奔突而过，"嗥叫声渗出高原的血/牙齿撕扯着乱云和瘦弱的空气"，他们只能互相偎依着，用棉大衣裹紧身体，从生命与死亡的缝隙中匆匆驶过。有惊无险的那一幕，如一场梦。

羊八井念青唐古拉山脚下，看到前往拉萨朝圣的香客们经过这里，一见到这座"石头和梦幻凝成的念青唐古拉/冰清玉洁的念青唐古拉/寒光四射的念青唐古拉"，马上长叩祈祷，"在这里，一切语言都已枯萎成地形册上落叶的锗色/只有两朵花迎冰雪盛开/一朵是哲学，一朵是宗教"。

最终，他们来到拉萨，"穿云破谷，两千里/来到藏北"，迎接他们的是雪一样白的哈达，在拉萨小住，写下《哈达：一片纯情的云》《冰河》《崖壁》《激流》等。

李瑛用诗歌歌颂青藏高原的辽阔，他到青藏高原采风的诗作陆陆续续在《人民日报》《诗刊》《当代》《文汇报》等报刊发表，后来这些诗分别收进诗集《出发》《黄昏与黎明》《倾诉》《野豆荚集》中。

最真挚的赤子之情

李瑛六十多年的创作生涯，始终回响着对祖国的吟哦。

2014 年 4 月，李瑛在接受《解放军报》采访时曾说"诗人是时代的一部分，历史的一部分，他属于他的民族、他的国家和他的人民"。

退休后，他的脚步依然没停下来。

1995 年 5 月 23 日，毛主席在延安文艺座谈会上的讲话发表五十三年的那一天，李瑛率文艺家代表团到陕北采风。

这是一个特殊的日子，这是一个值得纪念的日子。

他们来到延安，参观枣园、杨家坪、杨家岭、南泥湾等革命遗址。

听着高亢宛转的揽羊调和信天游，吃着延安的小米饭，那黄澄澄香喷喷的味道，淳厚质朴，炮火硝烟中，靠着小米加步枪，打下了红彤彤的江山。端起一碗小米饭，依然能感到一股真情和温暖。

在南泥湾，有干旱的土塬，有陕北传统的窑洞，还有浇地的女子，她们已经不再是当年一身黄土的婆姨，优美的身段，像一个江南女子。

杨家岭的憨态可掬的布老虎，依然蹲在窑洞的土炕上，如野酸枣树般倔强的陕北女人，终于走出黄土地，去看外面的大世界，"留下村头不语的石碾/和酣睡的土井"。憨厚而质朴的陕北腰鼓还在，成排成群的腰鼓阵还在，这鼓声摇撼着大西北，也震撼着中国革命史。

　　在那里，他写下了《小米》《陕北女人》《布老虎》《在窑洞做的一个梦》《陕北腰鼓》。这些诗深蕴于对历史的理性思考，具有深刻的时代感、厚重感。

　　1997年6月，71岁的李瑛应邀同李凖、唐达成等到云南昭通地区"文化扶贫"。

　　他们走上崇山峻岭的茶马古道，在崎岖的青石板上，他们发现深深的马蹄印，一同参加活动的作家叶廷芳抚摸着马蹄印说："这是一块活化石、一部活史书，它让我们的子孙后代一看就记住了这个，中国西南各民族共同的文明图腾。建议有关部门在这里建立一座茶马古道纪念馆。"正准备往前走的李瑛扭过头说："我完全赞同叶廷芳同志的建议。"这茶马古道，这深深的马蹄印，印在了他的记忆中，后来便写了一首《对茶马古道的记忆》。

　　从这条记录着漫长农耕文明和游牧文明的茶马古道往前走，走到了地处川滇黔的乌蒙山峡谷间的昭通地区，他们亲眼目睹了山区人民"死寂、凄惶、严酷和痛苦"的生活，这里艰难地生活着需要精准扶贫的老百姓。他们在泥石流的恶劣的自然条件下，每户人家都是低矮的茅顶，因为泥石流，支撑屋顶的土墙几近坍塌，许多山民家徒四壁，饥寒交迫。

看到外面有人来了，人们睁大混浊的眼睛木然望着他们，孩子们的眼神中写满饥饿与渴望。这里的人，"日子沉重得像石头"，站在低矮的茅棚和坍塌的土墙前，李瑛流下泪水。他实在拿不出什么好东西来慰问他们，他的行囊中有二斤白糖，便拿出来送给了他们。一同来的作家艺术家与他一起纷纷解囊捐款。

回到地区宾馆，李瑛什么都吃不下，他感慨于在贫困地区，还有这样一些贫困人群期待脱贫，期待过上衣食无忧的生活。

回到北京，便写出了《我的另一个祖国》："低矮的茅顶倚着坍塌的土墙/一户户相拥相挤的苦人家……""走进一间黑洞洞的茅屋/一个老人独对一堆火的余烬/苦涩中，两只混浊的眼睛/用逼人的力量拷问我/你是谁?"

他最难忘却的，是那一双双孩子的眼睛。在《饥饿的孩子们的眼睛》中他写道："那黑葡萄般滚动的眼睛/黑水晶般闪烁的眼睛/黑珍珠般明亮的眼睛/转动在蓬乱的头发下……世间所有的东西都会消失/只有这比潭水更深/比星星更亮/比火焰更单纯的眼睛不会消失……"面对深山腹地的老人和孩子眼睛的拷问，他百感交集，他痛心叩问："怎么不使我把对生活的认识和对历史的反思引向对终极的追问。"

他在给一个朋友的信中说："我从昭通回来写了几首诗，虽很仓促，却是情感冲击所得。"

这样的诗，在李瑛的诗中是不多见的，他用情感透视出苦难背后的人性，他的责任感使他为早日消除贫困而呼喊，他真诚的诗心看到了前进中祖国的另一面，他痛心疾首地呼吁改变。他说："一个诗人不仅是美的代表，同时还应是而且首先还应是真实的代表。一个诗人应该成为一个种族的触角，任何时候都不应淡化自己作为社会良知的声音。"

他对祖国有着一颗赤子之心，他盼望祖国一天比一天繁荣富强。

他一生都在寻找歌唱祖国最动人的词语，他用诗抒写对祖国和人民的爱，他那些宏大命题的诗歌，都是献给伟大祖国的。但这里的哀伤也是热爱祖国的情愫。

他是一棵树，一棵生机繁茂的树，是生长和屹立在中国的大地之上的，是这片广袤的沃土培植、滋育起来的。1998 年出版的长诗《我的中国》，打开了这棵树成长的悠远而宏阔的历史时空，使它顽韧强大的生命力，获得了深厚的根源和现实繁盛的前瞻。

《我的中国》是一部 3600 行的赞颂祖国的长篇抒情诗。其在《献辞》中写道："离我心脏最近的，是你╱守护着山的尊严、水的歌唱的，是你╱照耀在一切星辰之上的，是你╱呵！我的中国。"

李瑛站在世纪之交，中国历史大转折的节点上，以博大的胸怀和炽烈的诗句，礼赞他所挚爱的正在崛起的祖国。这是一曲儿女献给母亲的颂歌。

这部长诗，从我与祖国、祖国和我的生命感受写起，回溯中华五千年文明的历史，追忆共和国屹立世界的艰苦卓绝和波澜壮阔，再现为实现先人的梦想而使历史快速运转的复兴壮举和奇迹。不仅有激情的颂扬，而且有忧患的沉思。既是历史现象学，又是历史哲学。既有民族的觉醒，又有个体生命的尊严和独立，表现了历史和美学的特质，有宏阔而厚重的历史感。

诗人立足现今而寻求民族之根，之源。他把思绪引入漫长的历史隧道，从远古的龟甲、兽骨、陶片、瓦罐和碑碣中，看民族开拓洪荒的源起，从"青铜中的殷商／石头里的秦汉／瓦缶上的唐宋"，看国土开合的朝代更替，从《诗经》《楚辞》，从李白、杜甫，看民族灵魂雄奇优美的沛然大气。及至近代，帝国主义列强瓜分中国，"武装侵略和精神奴役／像两张磨盘／研磨着我的民族和祖国"。而一个民族的觉醒和奋起，终于经历几十年的探索、寻路，经历战斗与流血，于炮火与硝烟中，实现了自由和解放。"中国人民从此站立起来了""历史的声音震动了寰宇"！诗人这样唱道："打开历史教科书吧／无论翻到第几页／都会听见一个民族／攥紧骨节的炸响。"这部长诗，把中国放在纵深的时空坐标中予以审视，在回顾——省思——前行的辗转推移中，使它具有了气韵充盈的历史感。

这首诗还有鲜明而强烈的人民主体性。人民创造历史。"人民，只有人民才是历史的真正动力"。诗人把个人命运和祖国人民的命运联系起来，把人民作为历史的主体，加以推崇，使这部长诗有了中心意象的精神支撑。他以人民的立场、利益和愿望，来评判历史的史实和历史事件。新中国成立后，从废墟起步到奠基，从大地贫穷到卫星上天，那是全中国人民奋力拼搏的辉煌。而特殊时代的十年，则是"丧失理性的年代"，而历史坠入了"更暗的风狂雨骤的长夜"。从暗夜到黎明，打开封闭的大门，让"涛声、浪影、清新的大气和／大洋上蓝色的海风／一齐涌进"，标志着一个充满生机和创造的时代来临。但诗人也看到在物质丰裕、高楼林立的现代，也有人性异化的隐忧："在霓虹灯跳跃旋转/闪动得使人眩晕中/在到处都有的/角逐、压榨和搏斗中/这里，也有忧伤的云/有污浊的大气/窒息的河流/倾斜的夜街。"人民的历史主体地位和作用，就是在前进与倒退、成功与失落的往返转回中，放射出不灭的真理光芒。

从这首诗中，能看到高贵而尊严的人格型塑。历史的演化，文明的进步，就是为了缔造人之所以为人的价值与尊严，又反过来推进历史的发展和跃迁。"道"与"仁"，是中国人道德的"最高原则"。珍惜生命，敬畏自然，天人合一，家园情怀，个人修为，社会担当，等等，都构建了中国人伦理人格的精神骨架。诗人说："我想起生命/要真正认识这个/会哭会笑的字眼/必须站在生命之上/向上攀登，然后向下俯视。"生命是生长、繁衍和再生；生命是滴泪的爱；生命的价值是为了生存而奋斗终生；生命永远牢记父母的血脉和养育万物的大地的恩情。他结合自己与历史同行的人生际遇，为自己的生命构建了人格理想；保留民族的基因，传承红色的血统，屹立于天地之间，胸怀时代风云，肩负历史的使命和责任，报效祖国，俯首人民，但讲奉献不求索取，淡泊名利，涵养"崇高的圣洁的"品格，像东方大地上的一棵树，平凡而伟岸，谦和而高贵！

每天清晨，我们庄严而美丽的五星红旗在天安门广场缓缓升起。它的颜色是火的颜色，血的颜色，我们生命的颜色。它伴着初升的太阳，"燃烧在澄澈的天宇/成为蓝空和宇宙的一部分/照耀在旋转的地球的/前额"。

长诗最后写道：

太阳

当你走过北京

是否看见一个老人

含着激动的泪光

歌唱

像天真的波浪一样

欢乐地歌唱

像大树的叶子一样

质朴地歌唱

请听老诗人的心声：

生我养我的祖国

你在我的爱和创作的光辉中

在我的血中

在我的心中

在我的诗中……

一颗照耀宇宙

光芒四射的恒星

——中国

第八章

比 一 滴 水 更 年 轻

个体生命是一片叶子

2013 年，《老人春秋》记者采访李瑛，问他是如何保持这种旺盛的创作力的？

他说："不断学习，不断接触新生活、新事物对诗人感情的不断激发是非常重要的。终日坐在书斋里，而不去感受火热的生活，是写不出好诗的。每一次采风归来，我都会感到自己又有了不少新的收获和感悟。同时，不断地读书、思考，也使我的内心始终涌动着创作激情。"

退休后，他走遍了祖国各地，不畏艰辛，始终保持了不断深入火热生活的习惯。

从年轻的时候，他就喜欢随身带着一个小本子。

外出采访，采风，他的小本子不离身，每到一个地方，他都会细心专注地观察思考，受访者说了一句什么话触动到他，马上记下来，甚至看到身边的一个令他感动的事物，灵感一现，他马上捕捉到，随手记下来。

小本子是他的宝贝，一天辛苦的采访之后，到晚上，别人都休息，李瑛房间的灯光总是最后一个熄灭，他要整理他的小本子，当天所见所思，他要写成诗歌初稿。有时候，他像一个孩子，对着他的小本子喃喃自语，那是他在吟诵刚刚捕捉到的诗句，怕一不小心灵感溜掉，他要念出来，给自己提醒。

从十几岁开始写诗，从少年写到老年，风格在变，却没有像有些老诗人那样，人老了，心态也老了，诗情老了，诗也老了。

李瑛的诗永远保持着青春活力。

他喜欢大自然，喜欢投入到火热的生活中去。

但是，他不喜欢热闹，不喜欢嘈杂的环境，尤其不喜欢那种可有可无的应酬或是勉强的闲聊。他的生命中，每一分每一秒都舍不得虚度。

李瑛在他的诗集《生命是一片叶子》后记中，这样描述自己的性格："我愿以自己为伴，我不喜欢参加有众多人的大聚会；我没有兴趣也无暇去看轻浮无聊、只能用以排遣时间的某些书籍和表演，它们对我毫无意义。我不愿在闲散和嬉笑喧闹中过日子，我喜欢安静和整洁，在安静和整洁的环境中思考，我从未感到寂寞和孤独。我不需要奢侈的生活和享受……"

李瑛喜欢在宁静的氛围中思考，他骨子里有中国传统文人的精神气质。

在静寂的环境里，沉下心来，可以思索些什么，抑或什么都不想，只是静静品味人生，在安静中找到自己的生命家园。

他安于清苦，只要有诗写、有书读，他便会觉得快乐和富足。

特别是走近生命的黄昏，仿佛只是弹指之间，几十年的光阴，看似漫长，回首看时，却又觉得岁月匆匆便逝去了。

李瑛开始思考生命。

过去，他没有感觉时间流逝得这么快，总觉得自己有大把大把的时间可用。

他退休之后，静下来整理自己的旧诗稿，每一首每一篇，都记录下过去的那些岁月，逝去的那些日子如一张张旧胶片，影像再现。那个第一次写诗的青葱少年离今天的自己那么近，又那么远。

从那个不知诗歌为何物的小小少年，经历了几十年风风雨雨，一步步成长为举世闻名的著名诗人，阅历一点点增多，思想越来越成熟。

坐在书房的窗前，轻抚花白的双鬓，人生已然过去大半。

窗外，秋天的花园风景正好，曾经娇艳的夏花凋零了，还有许多花依然在盛开，在怒放。还有许多知名的不知名的树木，他最喜欢的那些叶子在初秋的风中正葳蕤茂盛。"重重叠叠的树冠，绿的、黄的、红的一层层、一片片，在微风中以不同的姿势摆动着，表示它们生命的存在"。

生命真的就像一片叶子。

从春风中若有若无的星星点点嫩绿，到夏日里的青春蓬勃，到秋风中的绚丽多彩，到初冬时节飘零回归大地，人的一生莫过如此。

他觉得，自己的动力没有衰退，他在《生命是一片叶子》后记中写道："我的活力和创造力甚至比过去更旺盛，我的艺术感觉和思维能力似乎比过去更敏锐。"最重要的是，他对诗歌的热爱依然那样深，那样强烈。

趁着这片叶子还多姿多彩地在风中摇曳，他不能停步，他有一颗童心，他还年轻呢。他要尽量有效地利用自己的时间，发挥自己的天赋，继续写下去，写出更多好诗。

李瑛《生命是一片叶子》的后记还写道：

我希望我们的作品能够致力于表现我们所处的时代和时代精神；表现具有伟大抱负、广阔视野、丰富知识、对历史的深刻认识和高度智慧的新人的心灵；表现不倦地追求真理、追求爱与美的崇高精神乃至以火的激情，揭示在矛盾和冲突中流淌着的痛楚的眼泪和淋漓的鲜血。这种崇高的思想、感情和风格，是体现我们时代的审美理想、审美情操，是代表当代人民的美学追求的，具有这样深刻性和力度的作品，自会产生强大的推动历史前进的精神力量。但这样的诗在当前显得太少。

在那篇后记中，他还说："在生命的黄昏中，我想把自己，把生活，也把自己所理解的人类置放在广袤的宇宙之间，从那里寻找出生存的价值和生命的意义。"

这是人生在世的一个永恒的命题：我是谁，我从哪里来，又到哪里去？这一命题，即是生命的寻绎，也是灵魂的返乡。

人的一生，流年易逝，岁月匆匆。一般人的生存轨迹，也许大多淹没在历史的云烟之中。而诗人却可以把人生历程留存下来，把它们凝成语言文字，放在自己的心灵上，共时空地予以重新审视和估衡。"生命是一片叶子"。这片叶子从飘零、凋落，可以追溯到它的枝头、主干和根须。或者反过来，也可以从根干、枝叶，直寻到它的葳蕤与繁茂。此种思维的往返冲折，昭示了宇宙生命的真谛！

泰戈尔曾提出过"回到人类智慧的童年"的诗学命题。李瑛的后期诗歌创作，对此做了很好的回应。他在《思念我童年的故乡》一诗中说："几十年匆匆远去/越是年老，越是梦长/我要将最后一把泪/洒在它野草的根上。"

他常在夜间听到遥远的故乡呼唤他的《乳名》，便忆起当年"我的乳名没有乳香/沾着草节，滴着泪光/叫一声，溅起的是/苦涩野菜的清汤"。他怀念母亲在他童年"为换一把盐一把米"的生计，而日夜辛劳编苇席的情景。后来当我长大，能背诵"蒹葭苍苍"时，才领悟到那《苍苍芦苇》，"无论露珠或霜花/都营养过我/我的生命离它很近"，那苇席就是"母亲的胸膛"。他难忘乡村那"熏黑的草房"内那光芒微弱的《油盏》，"油盏里耗尽的"是"母亲的血、汗和泪光"，每当我孤寂时，"我便寻来当年初识的字/拨亮油盏，照耀我/写下激情翻涌的诗行"，"呵，一生什么都可以遗忘，/可莫忘了妈妈和她的影子以及伴我长大的油盏的灯光"。他《感谢野菜》，那喂养他生命的食粮，他不忘那儿时的青蛙，他们曾共同编织过"春季的故事"，他想再一次聆听那深秋的《蟋蟀》，它的鸣叫曾伴过他童年的悲凉……诗人以平静的心态，回忆自己的童年和故乡，寻找自己的生命之根。他的童年虽然清苦和饥饿，但也不泯灭纯真与坚韧。恰如诗人在《回忆：我的童年》诗中所吟唱的："至今，几十年匆匆过去/我总想起那蓬倔强的野草/凄苦，贫瘠又桀骜，它的形状/如一把野火在愤怒地燃烧。"

诗人经历了"年轻的时候"寻梦的季节，经历了"最初的爱情"、战火中的青春，他走过的人生旅程曲折而漫长。他在《我像河流》一诗中，这样总括他的人生："在流动中/我遗失了很多东西/记忆、开花的梦，奇幻的向往/使大地颤动的暴风雨/一边向前，一边沉落/而同时又获得了很多东西/燃烧的爱，历史感，疤痕和庄严的/思想/像石头般深刻的哲学和/像水底的星星般的诗。"

这样，诗人建构了自己的诗意栖居的家园。他在《家》一首诗中，如此写道："有一片屋顶/把风雨遮在外面/有两扇窗子/可以看风景和宇宙/有一张床和一盏灯/让我读书、工作、听音乐、寻梦。"

有了这样的心境，他以人类生命源初的哲学，秉持"赤子之心"观照大千世界，在日常生活和日常自然中，就有了更多的洞察和领悟，从而涵养了他精神人格的包容、博大和悲悯。

人从虚无中来，又到虚无中去。自《摇篮曲》到《墓碑》，时间丈量着生命的价值和意义。什么是真正充实的人生？诗人说，它就犹如《冬泳》：在隆冬的冰水中，"生命/对血说，你需要燃烧/对肌肉说，你需要磨砺/对骨头说，你需要熔铸和锤炼/还有身后的意志和信念"。

李瑛的诗集《生命是一片叶子》1995 年 6 月由解放军出版社出版，1998 年 4 月获中国作家协会首届鲁迅文学奖诗歌奖，七十二岁的李瑛在人民大会堂的受奖大会上，领到这个中国文学界的大奖。

李瑛是一片永远充满生命活力的叶子。

2006 年 11 月 9 日—15 日。

八十岁的李瑛出席了中国文联八代会与中国作协七代会，13 日，温家宝总理同文学艺术家谈心，席间问："李瑛来了没有?"坐在第九排的李瑛站起来，大家都热烈地鼓掌。

那天，温家宝总理在大会作报告，其中关于文学艺术工作部分谈到了和李瑛的交往："有一次，我写了一首诗，通过范敬宜求教李瑛老师，请他不吝赐教。当时，他问范敬宜：'总理还知道我?'范敬宜告诉我后，我立即给他回了一封信。"

原来，就在这一年的 7 月份，温总理出访非洲七国后，写了一首诗，委托范敬宜转达向李瑛请教之意。李瑛给温总理提了一些中肯的意见，温总理在给他的一封复信中说："……先生的诗作为人，我早已景仰，今日相识，引以为豪。我喜欢诗词，可惜只能读，不能作，倘能从您那里学得一点，深为幸事……"

老诗人与国务院总理因诗结缘，成为文坛的一段佳话。

案头一盏小灯是我的家

家是一个温馨的港湾。

李瑛这辈子在全国各地四处采访深入生活，还到过世界许多国家和城市，有许多时间是在外面漂泊的，他之所以能安心地走四方，因为家中有一个支持他的爱人。

他的爱人冯秀娟与他志同道合，琴瑟和谐。

从少年时代青梅竹马的岁月，他们不仅仅是同学，还是革命战友，在红楼课堂，他们高唱着激昂的红色歌曲。那个妩媚的少女，却有着战士的胆量。黎明前夜，这对新婚燕尔的小夫妻，一同从北平出发，参加中国人民解放军第四野战军南下工作团，奔赴武汉。

他能给她的最好礼物，便是在战地采一朵野花，簪在她的鬓角上，此时的她更加美丽。

在硝烟还没散去的武汉，冯秀娟在解放军四野新华社总分社工作，之后，又在《战士生活》社，解放军总政治部《解放军文艺》社任记者、通讯干事，1956年调到《译文》（《世界文学》前身）编辑部。

因为她也曾是军人，也是战士，所以，她最懂同为军人的丈夫。

当年，他们一同到了武汉，部队一声令下，李瑛要走进枪林弹雨中去征粮，去赣西南，去十万大山，去解放海南岛。这个娟秀文静的女子，默默地把丈夫送上战场，虽然满心的留恋和不舍，然而，她知道，从他们穿上这身军装起，丈夫就是国家的人了，就不仅仅属于自己了。

这一生，冯秀娟与李瑛携手走过无数风风雨雨。

那些年，李瑛今天被下放到小小的海防哨所当战士，明天被下放到偏远的高山哨所去当兵，爱人跟着他担惊受怕，风雨飘摇中，她为他坚守着小家，抚养一双幼小的儿女，孝敬年迈的父母。

她任劳任怨，无怨无悔，她也是北大和南开的高才生，她也有自己放不下的事业。

她都没有放下，事业和家庭，都沉沉地担在柔弱的肩膀上。

李瑛每每从远方回到京城，深夜里走到家的近处，窗中透出的那温暖晕黄的灯光，让风尘仆仆的游子倍感温馨。

案头一盏小灯是他的家，家中有知性贤惠的妻子，有聪颖的女儿，可爱的儿子。

后来儿女长大了，都有了自己的家。

那盏等待自己的灯依然会亮着。

有时候，李瑛也觉得自己亏欠妻子儿女太多。

他一走上抗美援朝战场，那些日日夜夜，妻子是在怎样的牵挂中熬过来的？

他在对越自卫反击战场蹲潮湿的猫耳洞的时候，妻子是怎样的长夜难眠，为他担惊受怕？

他到南海的海防前哨，到东北的海防哨所，妻子是怎样的一边忍受凄风冷雨的折磨，一边还要挂念落难中的丈夫。

酸甜苦辣的人生漫漫长路，走到了离休的日子，他们可以在家中安度晚年了。

冯秀娟1987年离休，李瑛1988年离休。

离休后，李瑛的脚步依然没有停下来，七十八岁的时候，还应诗刊社之邀赴山西参加"中国诗人看山西"访问团，到大同石窟、雁门关、鹳雀楼、黄河蒲津渡口遗址等地参观。那一次，他还去了刘胡兰纪念馆和刘胡兰墓地，写了《刘胡兰》组诗；七十九岁的时候，去大理、丽江参加笔会，去马鞍山参加"首届中国诗歌节"；八十岁之后，参加京城外的活动少了，但是，在北京举办的各类活动他还是经常参加。

在外面不论多么辛苦，回到家，妻子冯秀娟为他营造了一个温馨而安逸的环境。

2008年，李瑛已经离休二十年了。

那一年他没有出远门，他已经是八十二岁的老人了，冯秀娟也已经八十三岁。

执子之手，与子偕老，从少年到白头，老两口互相扶持，牵手同行，相伴看胡同口的日出日落。

当年那个女孩变成老太太，不过，在他心中，她依然温柔可爱。

当年那个英俊少年变成老爷爷，不过，在她心中，他依然俊朗帅气。

夏天到了，这一年的夏日，窗台上的那盆雁来红叶片长得很肥硕。

6 月 18 日凌晨，一个温暖的早晨，冯秀娟突然心脏病发作。

没想到这个凌晨，他们竟然天人两隔。

曾经约定过的谁都不许先走，她却违约，先走了。

李瑛流着眼泪拉紧爱人的手，那双温柔的手，一点点变凉了。说好了彼此一辈子都相守，你怎么可以匆匆离去呢。

冯秀娟的猝然离去，让李瑛内心充满了哀痛和苦涩。

他呆坐在自己的书桌旁。过去，她带着温情的微笑会递上一杯热茶，如今，只剩下自己脸上的清泪两行。

女儿小雨来陪他，告诉他，给您请个保姆吧。

他摆摆手，他不需要保姆来打扰他的生活，他需要安安静静地思念他的爱人。

没有爱人的家，变得冷冷清清，在清冷的小屋里，书桌的抽屉里锁着她的纸笔和朋友的旧时来信，还有没有来得及翻译的书稿。抚摸着她常坐的扶椅，默默收拾东西，椅背上仍然搭着她的头巾，报纸上还放着她的眼镜，衣柜里整齐地叠放着她褪色的军装，她在干校下放的时候缝补的旧棉袄，他看到一条折叠得整整齐齐的花围巾，"今晚，孤灯下/我轻轻打开她的衣橱/却见那些盛开的花朵/有的泪光莹莹/有的早已枯萎"。

窗台上，她养的许多花因为没人浇水施肥，都枯萎了，唯有那盆雁来红还顽强地活着，"……默默的/开出一朵小红花/红得像血"。

偶尔，去外面走走，走到景山公园，睹物思人，想起当年的初恋时光，他们在这里甜蜜约会："六十年前，她/常在这里等我/轻轻的，像风/像风中一棵丁香的样子/她的激情和纯真/点燃我的青春/给我初恋的甜蜜和幸福/六十年后重来这里/像又遇到昨天的自己/只是她呢？她呢/再没有她亲昵的影子。"

那个含羞草般羞涩的姑娘永远不会回来了。

在案头一盏小灯下，他为她写诗，写着写着，她就来了，她的音容笑貌宛若就在眼前，为了他的娟，他写了一首又一首。

其中有一首是上面摘录的《怀念——写给我逝去的娟》，还有一首，是《等待——一束白花，献给我逝去的娟》：

六月，所有的

石头都在呼吸

树都忙着生长

而你却匆匆去了，亲爱的

你离开了我，没有人知道

你带走了我生命的

一半，三分之二

更准确说是全部

你去了，没有人知道

只有黑夜

泪光闪烁的黑夜

…………

我无法寻到你

但我还是坚信

你定会回来

从我闪着泪光的

诗的后面回来

…………

诗中那"流血的思念"，那思念"滴滴都是不会开花的种子"。

中国诗坛的悼亡诗中，他的诗是经典之作，句句含情，情真意切，每首诗都是以血泪写就。那凄婉的诗句，是诗人内心深处的彻骨的悲痛。

他的爱人永远走了，他知道，他的爱人回不来了。

他要习惯一个人生活，儿女们都忙，他不能打扰他们的生活。

9月27日，他的家乡唐山丰润举行千人参加的大型"李瑛诗歌专场朗诵会"。

举办方邀请李瑛参加。

许多年没有回家乡了，他真地想回去。

但是，他去不了。爱人离世后，经受不住打击，他还是病倒了。

女儿李小雨代为前往。

那天，小雨在会上读了父亲写给父老乡亲的信。还带去了父亲的书，分别送给唐山市和丰润区图书馆。

回到家，女儿对他描述诗歌朗诵会的盛况，李瑛很欣慰，也很遗憾没能亲自去参加。

没有了爱人，日子还要继续。

他万万没想到的是，2015 年 2 月 11 日，自己最疼爱的女儿李小雨也走了！

那年，小雨年仅六十四岁。

那年，李瑛已经是八十九岁的老人。

白发人送黑发人，该是怎样的悲怆！

从他知道小雨得病那天起，他就提心吊胆地牵挂着，他以为医疗条件好了，女儿的病能治好，没想到小雨会突然去世，他真的接受不了。

那个乖巧懂事的女儿，那个充满才气的女儿，怎么可以这样决绝地离开苍老的父亲和可爱的女儿呢？

小雨是个听话的孩子。

当年上山下乡，他告诉女儿，回我们老家去插队吧。女儿便去了唐山丰润。

小雨下乡后参军，在部队的时候便开始写诗，她天生便是好诗人，诗集《红纱巾》曾获全国第三届优秀新诗集奖。

复员后小雨到《诗刊》社工作，从编辑到著名诗人、中国诗歌学会副会长兼秘书长、《诗刊》原常务副主编，三十多年的时间，脚踏实地走过来。

小雨刚到《诗刊》社工作的时候，他给她写了很多张小纸条，都是提醒她的注意事项，用铅笔写下的，一、二、三、四，条条款款清清楚楚，有工作时应该注意的事项，包括如何写退稿信，如何给不同的作者用不同的致敬语。女儿把纸条保存好，一直按照父亲的嘱托工作着，四年前她写过一篇《用诗诠释自己的一生——记我的父亲李瑛》，她在文中还说：

> 我还有很多张小纸条，都是父亲需要提醒我注意而随时交给我的……事无巨细，殷殷叮咛。想起人的一生纷纭繁杂，父亲竟为我思前想后，努力地助我从待人接物做起，用笔为我开出一条世间比较顺畅的路，拳拳之心尽含在这几十年如一日的小字里了！随着时光的推移，纸条上的笔画变得越来越颤抖，父亲现在已经有些难于把握住笔了。

如今，手颤抖着写小纸条的父亲还在，那些小纸条还在，保存这些小纸条的人却不在了。

他哀伤地坐在那里，对女儿的去世，在别人眼里，年近九十岁的老父亲表现得很坚强，他说，马上快过年了，不要干扰到大家，丧事简办，就通知为数不多的一些亲友。而这也是李小雨生前表达过的意思。

面对前来吊唁的亲朋好友，他坚持站起来和大家握手致谢，他没有在人前老泪横流，他颤巍巍紧握大家的手，人们都忍不住流下了眼泪。

是的，再有几天就要过年了，今年的年夜饭再也听不到女儿的欢声笑语了，他的泪在往心里流，他不能在女儿的灵前哭天抹泪，他知道，他的爱女不希望他那样。

唯一让他欣慰的是，女儿在中国诗坛的成就。

中国作协副主席、书记处书记伺建明曾这样评价李小雨："小雨在诗刊工作了三十八年。历任编辑、编辑部主任、常务副主编。她发掘出一大批新诗、好诗，是很多诗人的伯乐。可以说，她对中国诗坛的发展，作出了重要的不可磨灭的贡献。""她是一个非常单纯善良的人。过去两年生病住院，她都没有告诉大家。"

送走了小雨，李瑛的脑子里都是她的音容笑貌。

她刚出生时候那细嫩红润的双颊宛若还在眼前，他给她取名，就叫小雨吧，温润的小雨，女儿的一生真的就像温润的小雨。在中国诗坛，对青年编辑进行手把手的传、帮、带，培养了一批好诗人，挖掘了一批好作品。她的诗集《红纱巾》写得多么美啊，那种带着女性细腻的诗歌，父亲是写不了的，如今，她和她的"红纱巾"一起飘进了天堂。

女儿走后，他经常忘记饥饿，到吃饭的时间了，给自己煮了一碗挂面，还没吃，老泪已经落进碗里。

女儿最喜欢吃自己煮的挂面，她曾说："父亲煮的挂面不放什么东西就很香。于是，每当我去父亲家，再三声明吃过饭了，妈妈仍会说：'你爸爸已经把挂面煮上了。'过一会儿，父亲就会抖着双手，颤颤巍巍地给我捧出一碗香喷喷的汤面。"

有时候，听到外面有动静，他也会隔着窗子往外看，过去，一听到有声响，往外看时，也许就是女儿来看他了。爱人活着的时候，每当女儿看望他们时，做母亲的便要把一大堆吃的用的装好，让女儿带回去。每逢这个时候，他会抢先帮着女儿提下楼，装上自己那个破旧的自行车。

然后，他们步行着，一步一步走到地铁站，目送着她手提大包小包融入人流中不见了。爱人则站在车水马龙的大路边，一直远望着他们。那温馨的一幕永远变成了一去不回的往事……

他难以化解心中的悲痛和思念，只能用诗歌来表达，那首《哭小雨》，任是谁看了，都会泪眼婆娑：

谁能帮助我/将这一天从一年中抽掉/谁能帮助我/将这一天的太阳拖住/牢牢地打一个死结/让它不再升起……/我用树皮般苍老的手/抚摸你平静的脸/像六十年前抚摸你/细嫩红润的双颊……/对一个用诗养大的生命/只能到你的诗中寻找你/一条孩子翅膀般的红纱巾/拂动在早春的晨曦……/我想念你，爱你，但也恨你/你狠心丢下你哭泣的笔和/你装满一袋子的汉字、母语/丢下你夜半不断用小锤敲打的诗句……/怎能是我梳拢你的黑发/怎能是我捧一束白花来祭你/怎能是你的哀乐涌过我的皱纹/怎能是你坟上青草摇动我的白发/现在，我的心变成一片/干枯的叶子，孤零零地/高悬在风雪枝头/瑟瑟颤动……

他在《亲人离去之后》中写道：

母亲走了，带走

我的肺和一小块心脏

父亲走了，带走

我的肾和一小块心脏

妻子走了，带走

我的肝和一小块心脏

现在，女儿也走了，带走

我的胃和一小块心脏

如今，我空旷的胸腔

只剩最后一小块心脏

挣扎着怦怦跳动。

女儿去世后，《光明日报》依惯例刊发短讯，没过多久，记者就收到李瑛的信，说从报上读到，特地感谢《光明日报》与记者。

记者读着那份信函，感动不已，有哪位年近九十的老人在如此这般巨大的哀恸中，仍能做到如此不失礼数，周到周全。

这是一个人的修养和教养，也是一个人历经磨难的坚强。

夜晚，孤独地守着案头的一盏小灯，这里是他的家。

他还要在这个案头上继续写下去，爱人和女儿都在天上看着他。

他知道，她们希望他好好的，活下去，写下去。

诗使我变成孩子

有一段时间，他的坐标只有两点一线——家和墓园。

墓园里，爱人和女儿的坟塚都在这里，步履蹒跚地来到这里，陪她们说说话，聊聊天，他的心里会释然一些。

很多时间，他则是默默地坐在家里。他的房间里，有一张小雨的照片，特意找人放大了，镶在镜框里。照片中的女儿一双弯弯的笑吟吟的大眼睛，安静地注视着这个世界。于是，他便感到，每天都有女儿的陪伴。

所有的房间，只有他一个人，他还是喜欢坐在自己的固定的座位上。那个座位的椅子有个小靠背，这样，在椅子上坐着再起身的时候，会方便一些。

他的家永远是清清爽爽的，他喜欢整洁，喜欢干干净净。

1985 年 2 月，李瑛接受《青春诗社》采访，在《关于诗歌创作的访谈》中他曾说："我是不吸烟也不喝酒的。如果房子里有烟味，我就要赶紧大开门窗，换一些新鲜的空气进来，然后才能坐下来写诗。至今我还不了解烟酒和诗歌究竟有什么必然的联系。"

他不喜欢烟酒气，不喜欢任何浊气。窗明几净，空气清新的家里，没有一件高档家具。书房靠墙一排整洁的书柜的格子里，是他所有的"奢侈品"摆件：里面有各种奖牌，还有他采集到的、来自世界各地的石头、瓦片、树根、花叶……还有带着四野南下记忆的那块锈迹斑斑的马蹄铁，一盏抗美援朝时在掩体里写报道时点过的煤油灯，一块木化石那是老山前线牺牲战士的遗物。

空荡荡的家园里，只有那些书，挤挤挨挨地还在陪着他，它们在书架上、写字台上、角落里，一摞一摞整齐排列着。

春日的阳光从窗子照进来，暖洋洋的。

他摊开纸，颤抖着拿起笔，准备写一首关于春天的诗。

他发现，这双手颤抖的越来越厉害了，越来越不听使唤，写出的字抖动着，每个字似乎都要飘起来。

那首发表在 2015 年 3 月 10 日《光明日报》上的《春天三章》就是这样颤抖着一字一画写出来的。

"都已醒来，都已醒来/每座山的每块石头/每条河的每滴水珠/每棵树的每片叶子/都在和我们一起创造未来/钟在敲响，鼓在敲响/一台 21 世纪的强大引擎/在中国古大陆轰轰响起/是我们心跳的声音/是我们阔步的声音……"这是第一章《我们创造未来》中的诗句，你能读出这是年近九十岁的老人写出来的吗？那磅礴的气势，火一样的激情，不输当年，不输意气风发的年轻诗人。

第二章《三月》则要舒缓一些，温婉一些："现在是三月/锅炉房残雪边/惨白的冬天还在喘息/枝头还没飞来一只换了春装的鸟/玻璃般的薄冰还铁青着脸/却有一只勇敢的小蜜蜂/打破时令节序/过早地飞到我窗前/一只毛茸茸的金黄色的小绒球/悬浮着，快乐地唱着歌/轻轻地滚过来……"这只勇敢的小蜜蜂，是春天的使者，也是李瑛自己内心的投射，他必须勇敢面对残酷的现实，如同那只勇敢的小蜜蜂面对严寒，不怕冰封雪压。

第三章《送你一个中国结》则充满人生哲理，诗中深邃的生命感悟，跳跃着的生命律动，那是他在痛苦的长夜一点点悟出来的。"我们的生活/半是欢乐，半是痛苦"。是的，这一生，他有过许多快乐时光，现在正被痛苦压顶。"就让我把这吉祥结/挂在你心的深处/是一朵怒放的大红花/是一杯香醇的酒/是一只圆润的红苹果/或一束成熟的粱黍/让它涤荡你生活的烦忧/排遣你的抑郁和愁苦……/从一个结到一个结/传递手挽手的温暖/用一个扣压一个扣/让心贴紧心，依依倾诉"。这是他用生命悟出的人生感思，这是一位战士，一位革命者面对人生的豁达，他将思想融入诗中，鼓舞着别人，也安慰着自己。

他从小就喜欢读书，一生中读了很多书，现在，他继续读，一边读书一边思考："我在有计划地读我过去买了多年未来得及读的书，趁我在世读完，不然太遗憾了！"

大多数时间，他用来写诗。

他写得很慢，很认真，写完了还要修改，都是用颤抖的笔一字一字横平竖直地写。因为颤抖，他的横和竖都是波浪形的，从那些颤抖的字中能看出他的努力和不屈，他写过的纸张，都是干干净净、清清爽爽。

他不想让别人打扰他的生活，一个人，自己照顾自己。

面对伤痛，亲友的安慰劝导，自己的振作，都让他的灵魂变得越来越通明和豁达。他让自己完全投入到诗歌中，他感觉，诗歌具有神奇的力量，让他忘记苦痛，变成了孩子。

在《诗使我变成孩子》一诗，九十岁的诗人写到：

> 不知怎的/我突然间从心底里涌出了欣喜的浪花……/常使我惊悚得痛苦/它便一遍遍拍我、哄我，/擦去泪水/别哭，一切都会过去/我的灵魂便变得/又天真又透明又简洁/诗使我变成孩子……

他坚守文学的衷心，在诗歌面前，九十岁的老诗人，依然保持着孩子般的纯真。

以这首诗为书名，2017 年 8 月，昆仑出版社出版了李瑛的诗集《诗使我变成孩子》，他说："也许是我七十多年诗歌创作生涯出版的六十多种书中的最后一本诗集了。""时代、生活和诗把我变成了孩子，我便把这首诗的题名作了这本诗集的名字。"

这部诗集一共收抒情短诗 120 首，绝大部分是 2013 年之后的新作。

这部诗集，也算是他为自己还了一次旧账。

二十年前，在解放军文艺出版社增办了大型文学期刊《昆仑》，并成立了昆仑出版社，李瑛为《昆仑》期刊写了一篇《创刊献词》——《巍巍雪峰》。

出版社的朋友说，你也给新建的昆仑出版社一本诗集吧。

李瑛说："好，谢谢你！一定！"

之后不久，他调离了解放军文艺出版社到总政文化部工作，忙碌的工作，一直没有顾得上还这个愿。

三十年间，他一直记得，自己还没有履约，想起来总觉得有一件事没有完成。

终于，九十多岁之后，他来履约了。"漫漫人生路，如今不知不觉中我已年逾九十，这里，就让我把我一生中最后的这部书稿献给昆仑出版社吧，以此作为我履行三十多年前所做的承诺，尽管已是太迟太迟了。"

他还在自序中写道：

> 我有幸生活在这个轰轰烈烈的有声有色的大时代里，祖国腾飞、民族崛起，在朝气蓬勃的时代精神浸润下，生活中每分钟都有奇迹发生，人们的心灵世界变得更丰富、更生动活泼，也更复杂。由此常激发自己产生种种独有的人生体验和感悟，并敏锐地找到传达这种直觉感应的形式。我就是这样怀着难以抑制的创作欲望，观察、倾听和抚摸这个瞬息万变的世界并描绘它们的；或者也可以说，这个充满太多矛盾、斗争、欢乐、痛苦、恐惧和希望的世界，怎么也无法阻止我用满腔的激情来抒写它们，点染它们，歌唱它们。

他说，他是怀着使命感来写作的。

一位九十多岁的老人带着使命创作，奋力笔耕，令人心灵震颤。

作为军旅诗人，军旅诗篇依然是诗集中最耀眼的。

《乌斯浑河的十月》《一盏旧马灯》《为她擦去眼泪吧》，回望过去的征程，回顾曾经的岁月，那些描写军旅生活的诗歌依然充满豪迈，诗人已老，军旅诗情永远不会老。

诗集中收录了他对逝去亲人怀念的那些诗篇，《母亲的目光》中，有对母亲深沉的怀念，《短歌》中，是对逝去爱人的长相思，长诗《挽歌哭小雨》，还有那首《滴血的思念》，令人不忍卒读，读到一半已是满眼含泪。

诗集中有对生命的感悟，《写一个医学院女生》是一首角度新颖的生命之歌，他不断思考着生命意义，叩问《什么是孤独》，边思考边告诉人们，他在诗中《谈痛苦》《关于生命》《关于爱》《关于死》《关于我们的身体》，有时候，看似只是轻描淡写地一谈而过，细思量，却发人深思。

到九十多岁还能写诗，还能写出这么好的诗，能保持六十多年不变的创作热情，有几个人能做到？

他的许多诗，都是手写，而且草稿都是用铅笔来写，大概这样修改起来更方便。然后反复读、反复修改推敲、润色后，才把成稿的诗誊写到好的稿纸上。

小雨在世的时候，经常说父亲惜纸如金。

早年间，他们家的旧台历用完了从来不舍得丢弃，而是翻过来用线绳穿起来订成本子。他还自己制作信封，用过一面的厚纸或者别人寄过来的信，他翻过来重新粘贴，做成平整光滑的信封，他翻制信封的技术很高，看起来很专业。他们家从大人到孩子，形成一个不成文的规矩，就是，只用过一面的纸不可随意丢弃，要留着以备翻过来接着用。

李瑛这一生中，有多少好诗都是在废纸头上写成的，大概他自己都数不过来了。

岂止是用纸节俭，他还有两件宝，一直舍不得丢弃呢。

第一件宝，是他的一个黑色人造革包，早年间开会的时候，会上发的纪念品，样式呆板陈旧，看上去老里老气的，关键是下面没有轮子，只能用手提着。每次外出采访开会，他都要提着它。据说，有一次坐飞机外出，人家带的都是皮箱软包背带滑轮，唯有他的那只黑色人造革包夹杂在中间怪模怪样的，大家惊呼："怎么，你还用这个？我们的早就扔了！"他呵呵笑着，拍着自己的宝贝说："这个包最好，又轻又软，现在想买还买不到呢！"爱人担心黑包难认，大概她也觉得别人都在用这个，就在提把上拴了一条红绸子。这只拴着红绸带的黑包在外人眼里感觉很奇葩，他却很满意，提着它走南闯北，老诗人和他的系着红绸带的黑色人造革包是标配，只要他提着黑色人造革包往外走，一条红绸带在风中飘舞着，人们就知道，他不知道又要去哪里采风去了。

另一件宝，是他的自行车。一辆老式的飞鸽自行车，用了几十年，浑身上下锈迹斑斑。女儿小时候，他们家就有这辆自行车，他骑着这辆车上下班，孩子病了，也是用它推着孩子去看病。年岁大了，大家劝他，现在没人骑这个了，以后就别骑了，老人骑自行车很危险的。他主意正着呢，外出不愿叫小车，依然骑着，离家近的地方骑，离家远的地方有时候高兴了，也骑着。李小雨曾在一篇文章中说："有一次，他给我送一份稿子，从城北到城南几十里路，骑车一个小时，上到五楼，精神焕发，腰板挺直。真应了父亲说的：骑车锻炼身体，上下自由，想干什么，就干什么！"

他老了，把自己沾成了孩子，越发率真了。

吃着自己做的香喷喷的挂面，吃着最爱吃的小咸菜，在废纸头上用旧铅笔写着最美的诗，

仅此，足矣。

至于那只破旧的黑色人造革皮包和旧飞鸽自行车，已经许久没用过了。

他年事已高，不需要再出远门了，黑包与红绸带寂寞安静地陪伴着，它们搭配在一起，真的很好看。

那辆旧自行车，也很久很久不骑了。

九十多岁的老人，虽然自己不服老，虽然自己觉得还像个孩子，但是，毕竟是老了。

诗人的河流仍在流淌

2019 年，李瑛已经九十三岁了。

春节过后，他身体明显不如以前了，躺在病床上，坐起来都不容易，但是，他还没放下手中的笔。

外孙女高盈在她的一篇回忆文章中写道：

> 生病后，您坐起不易，便将 A4 纸裁成一半，厚厚一摞钉在一起，躺在床上颤颤巍巍地写。加上眼睛不好，您的字更抖了，写上几句就要休息一会儿。长期无法行走，加上妈妈的离去，让您的精神受到重大打击。您总说再也不想写诗了。可是没过一会儿，我就看到您又举起了那摞厚纸。生命的一部分，哪是说放就能放下的呢？

他确实是放不下，因为诗歌是他的生命。生命不泯，诗歌不止。

他半躺半坐着，身上，穿着一件肘部打着补丁的毛衣，那片补丁还是爱人在世的时候替他打上的，他愈发舍不得丢掉。有一年春节，许多领导到家里来看望他，他就穿着这件旧毛衣坐在家中的沙发上，谈话的时候举手抬臂之间，那块补丁就一览无余地暴露在大家面前。待客人走后，女儿着急地说："你的毛衣是破的。"他毫不在意地提起胳臂看了看："这不是补好了吗?"

这件毛衣很舒服，虽然破了，有爱人一针一线缝补进去的爱。

这次得病，他手抖得愈发厉害，外孙女小时候曾笑称姥爷这是"抖体字"，她长大了，不再这样调侃了。她懂事了，看着姥爷每个字写的很慢，便开始帮姥爷整理手稿，把手稿输进电脑。

那些扭曲的文字，一开始她要辨认半天，后来打得多了，只要拿到手，每个字都能认得。

"你在寻找什么/我在寻找我年轻时的一个梦""你在寻找什么/我在寻找为歌唱祖国写得一首诗的/一个最恰切、最动人、最美的词语"。

这是李瑛写下人生最后一组诗行。

诗中依然把自己与祖国和民族的命运紧紧联系在一起，依然在抒写对祖国、对人民的忠诚与热爱。

这个美好的春天，他原本是要写许多首诗的，他已经为这个春天写了一首诗，写好之后，夹在书中，刚打好草稿，字迹还很潦草，还没顾得上修改。

因为肺部有些感染，病情加重，不得不离开家去住院，他便把那首还没有改完的诗夹在书中，放在床头的枕边，准备出院后再接着改完。

此一去，没想到他永远没能再回来。

2019 年 3 月 28 日凌晨 3 点 36 分，李瑛溘然离世。

他把自己留在了那个春天里，留在了浩荡的春风中。

诗歌属于年轻人，诗歌属于春天，他把自己留在了春天的诗中。

后来，外孙女在整理他的遗物时，从床头的书中翻出了一页纸，看到了他写给他生命中最后那个春天的诗，这篇诗稿他还没来得及交给外孙女打印，它成了李瑛生命中最后一首诗，成了他献给最后那个春天的礼物。

李瑛去世后，家中设了灵堂，鲜花中是用李瑛诗集名字集成的挽联：

冲过硝烟，红花满山，在燃烧的战场，和平是一棵树；
追梦逝水，山草青青，打开临海的窗，生命是一片叶。

挽联的每一句，都是他的一部诗集的名字，

他为诗歌而生，诗的生命永远不会流逝，他的诗魂永在，诗人的河流仍在流淌。

结　语

回顾和梳理李瑛的诗歌生平，我们总的印象是：他携带诗歌跨越历史时空，既与共和国七十多年的历程同步，又足迹踏遍了祖国的万里山河，更以五千年文明作为他生命的背影。他的诗歌创作，把个人的人生小径纳入历史风云的大道，把自我生存命运融进民族、人民的命运之中。他把对真理的追求、理想的向往，乃至使命、担当，置放在祖国大地，把诗歌话语汇入古今中外的艺术渊流。在此种时空坐标中，他进行生命主体的寻绎、灵魂的涵养，和对诗歌艺术的不懈探索。其可贵之处在于：永葆"赤子之心"，以永远新鲜、朗净而又敏锐的感觉，切入现实生活，致力于把个人经验通过瑰丽而奇幻的审美想象加以历史化，不断推进诗意内涵从感性向理性深潜，从而形成惊异而神秘的哲学思致。这就使他的诗歌，不仅具有历史的深度，也同时具备了美学的高度。人生诗化，诗化人生。李瑛以诗歌为生命，他的生命在创作中走向挺拔与成熟，他的灵魂也从大地升腾到天空，而他的诗歌则如负载他的生命之叶与灵魂之云的河流，在时光岁月中从潺缓而激荡，由激荡而澄静⋯⋯

诗人的诗意人生给我们的启示是：确立个人主体性，以真实深切的感受力，置身时代变革的脉动，心系人民的愿望和生存状况，并且始终敬畏和挚爱诗歌，以人类智慧和诗歌的艺术精神，再造新的历史文明，使个人的心灵史成为民族的心灵史。从而，在人与诗同在中，构建和型塑诗人自我的独特而高尚的人格风范。

李瑛是中国当代著名的军旅诗人，伟大共和国的诗人，也是真正意义上的爱国诗人！

后　记

　　我的母校河北大学，特别是文学院，历来都涌动着一种浓厚的诗歌文脉。早期的顾随老先生，他讲古典诗词，自己也写古体诗歌，并带出了诗词大家叶嘉莹。后又有詹瑛先生专攻《文心雕龙》的研究，在学术界自成一家学派，带出了学者、诗人詹福端。黄绮先生的学问，是古文字、书法、篆刻，也写诗。就连教外国文学的雷石榆先生，1930年代也曾出版过新诗诗集和发表过大量抗战诗歌。几十年的薪火相传，教泽绵延，河北大学出现了一系列的诗人：尧山壁、浪波、聪聪、旭宇、韩文戈等。我是1960年考入河北大学中文系的。一步入校园，就被那诗的时代、诗的气息和氛围所包围，所浸染。在写诗的高年级学生影响下，我把专业方向确定为：哲学诗学和诗歌创作。从此，开启了我生命成长的车之两轮、鸟之双翼……

　　我与诗人李瑛的缘结，正是在大学期间。那时候，学中文需要阅读大量的中国现当代文学作品。在阅读中，不知为什么，我对李瑛的新军旅诗，格外喜爱和情有独钟。它不是古代边塞诗的金戈铁马、狼烟烽火、关塞苦寒，而是在战争与和平年代，以历史进击的姿影，在一个新生的奋起的时代，打开战斗的理想风采。也许正是这种无形感召，把我青春的生命与李瑛的诗歌阅读交集在一起。李瑛每出一部诗集，我都要设法买到，几十年间，几乎累积了他所有的诗歌作品。大学毕业后，不写诗了，改从事诗歌评论写作。在我诸多的中国现代诗人研究中，李瑛也是我着力较多的一个。

我和李瑛第一次见面，是 2002 年。那年 5 月，在北京首都师范大学举办"李瑛诗歌创作研究会"。那次会，我提交了论文《赤诚情愫绽放的艺术枝条——李瑛论》。会后，与张同吾、王燕山等人发表了《艺术的自觉与灵魂的自由——专家学者热评推荐著名诗人李瑛六十年诗歌精品》。会上聚餐时，我与谢冕、杨匡汉、吴恩敬、李瑛同坐一桌，李瑛坐正座。吴思敬给我和李瑛做了介绍。李瑛是河北丰润人，我也是河北丰润人。老乡相见，别有一番相逢恨晚的感动。他给我留下了洒脱、沉稳的深刻印象。自此以后，我们之间，常有书信往来。2010 年他的新时期诗集《河流穿过历史》出版后，寄赠我一册，并附短函。2014 年《李瑛诗文总集》十四卷出版，他邮寄我一箱。我在廊坊师范学院文学院也曾请他的女儿诗人李小雨来校给学生们开诗歌讲座，并让她代为向她父亲问好。

或许，由于对北方这块恒凝、温厚的热土的乡土情结，可以使同生在同一土地上的人与人之间的命脉容易勾连和融通起来，加深彼此生命的同情与理解。还乡河，从境内流过，不是向东，而是向西。原名浭水。传说，宋帝赵佶被金俘获，途经于此，仰天叹曰："吾安得似此水还乡乎？"从此，浭水改名为还乡河。还乡河啊，千百年来，掀动起多少历史的波浪。故国情怀、家国守卫，作为一个文化乡愁的原型母题，始终流淌在我们民族精神的血液中。那无数的爱国志士、风流人物、作家、诗人，像夜空漫天的星斗，颗颗都映现在还乡河水。李瑛的出现，是整个中华大地的骄傲，也是我们家乡风土难以掩抑的自豪。

因此，长期以来，我心中一直深藏着一个意愿：一定要更深入地研究李瑛，打开他灵魂深处的生命密码，穿越时代风云，还原他的人生命运，开掘出他还乡河所养育的人格的高贵和人性的光芒。我决心，在我有生之年，实现这个愿望。为此，我重读李瑛所有的诗歌作品，多方寻找和搜集他的生平资料，并拟构和草起了《李瑛的诗和诗中的李瑛》编著大纲。同时，发表了《从大学生诗人到战士诗人——李瑛诗歌创作道路的转变》。但，离最终成果还很远。

一个偶然的机缘，却成全了此事。2021 年冬的某一天，作家李嫡来家里看望我。她是 1986 年廊坊师范学院中文系"作家班"的毕业学员，我教过她，她是我的学生。毕业后，她调来廊坊工作，但长期坚持文学创作。她一直致力于女性文学写作，以现代女性意识，观照从古至今的女性生存命运和对尊严、自由的吁求。十几年间，她出版了十几部女性传记性著作，主要有《萧红》《张爱玲》《丁玲》等传记作品。她不仅写女性，也写男性。这次，她来我家，给我带来的就是一部《纳兰容若传》的诗传。写传记，有其特定的文体规范和书写方式。这是传记作者一般都要遵循的。但李婍的传记写作，却突破了范式，拓展和创造了一种新的样态和新的话语修辞。从而，形成了别一种的艺术风范。这就是还原真切、生动的历史细节，重回人物的过往的在场，作家与传记对象，在人生命运的演变波折中，共进退，相互打量，然后抽身返照，以现代文明意识，对其进行同情与对话的评说渗透。这就使她的传记写作，既有生气贯注的历史的真实性，又保有作家自我的生命高致。交谈中，谈起《李瑛评传》的构想，我向她叙说了李瑛人生历程、创作的道路和重要的经典作品。并告诉她我和李瑛是同乡。她听得很认真，颇为感动地说："老师，我可以帮助您做些什么？"我沉思了一会儿，询问着说："咱们师生可否共同完成这个项目？"她当即回答："好，我愿意为此竭尽全力！"于是，我们商定了《李瑛评传》的基本内容和章节设计。

接下来，几个月的时间，李婍看作品，查资料，上网页，读书籍。俯首案头，仰望星空，感悟人生之浩渺，游弋生命之诗意。紧张书写，敲击键盘，生命进入自由创造的昂奋状态。她的手很快，写一章发我一章，发我一章我改定一章。章章节节，篇篇页页，不到半年，就完成了《李瑛评传》的初稿。

这是一次极为愉快的合作，是师生两个生命、两个灵魂的交响和弦，从而为诗人李瑛共同演奏了一部诗史乐章！

在此，我们首先要感谢廊坊师范学院许振东教授，他主动负责向出版社联系出版事宜，更应感谢花山文艺出版社社长、总编郝建国先生的批审与成全。特别要感谢北京大学谢冕老先生，他尚在医院中疗养，不顾九十岁的高龄，为该书写下了完全认可和评价极高的序言。

李瑛，永远属于祖国，属于战士，属于艺术。……

感恩祖国，感恩人民，感恩诗歌！

岁月更迭，逝水流波。李瑛诗歌的丰碑必将在中华文化的史册上标示出中国现代精神所能企及的高度。

苗雨时

附录：参考资料

1. 《李瑛诗文总集》中国文联出版社 2010 年 1 月第 1 版。

2. 《河流穿过历史：李瑛新时期诗选》作家出版社 2009 年 11 月第 1 版。

3. 《李瑛七十年诗精选》人民文学出版社 2011 年 5 月第 1 版。

4. 《比一滴水更年轻》作家出版社 2014 年 1 月第 1 版。

5. 《诗使我变成了孩子》昆仑出版社 2017 年 8 月第 1 版。

6. 李小雨：《用诗诠释自己的一生——记我的父亲李瑛》，《解放军报》2011 年 1 月 12 日。

7. 胡世宗：《献给祖国的歌——我与李瑛》，《中国青年作家报》2020 年 1 月 7 日。

8. 霍俊明：《霍俊明评李瑛：河流仍在流淌——记著名诗人李瑛先生》，《解放军报》2019 年 4 月 10 日。

9. 高盈：《高盈给姥爷李瑛的信：为春天而歌》，《光明日报》2020 年 4 月 4 日。

10. 付小悦：《李瑛：诗歌里的祖国》，《光明日报》2009 年

10 月 5 日。

11．李舫：《与天地精神往来——李瑛其人其诗》，《人民日报》2015 年 6 月 9 日。

12．咏慷：《诗魂·师魂——痛悼李瑛先生》，《中国艺术报》2019 年 4 月 1 日。

13．咏慷：《和诗人李瑛一路叩青海》，《光明日报》2020 年 8 月 21 日。

14．叶廷芳：《茶马古道上的那个马蹄印》，《光明日报》2020 年 8 月 21 日。

15．余玮：《四野南下工作团组建始末：以革命的名义》，《人民政协报》2009 年 10 月 29 日。

16．王婷：《忆中国人民解放军第四野战军南下工作团往事》，《中国档案报》2019 年 7 月 26 日。

17．万叶编：《李瑛诗歌研究文选》（上下卷），华艺出版社2016 年 4 月第 1 版。

18．李泱、李一娟编：《李瑛研究专集》，解放军文艺出版社1983 年 7 月第 1 版。